KB200399

하나님의 기쁨을 위하여 살자

하나님의 기쁨을 위하여 살자

그리스도인
기쁘시게 하는
하나님만

유기성

규장

오직 하나님의 기쁨을 구하라

지난 3년 코로나19로 말할 수 없이 어려운 시기를 보냈습니다. 앞으로 어떤 일이 일어날지 불안한 마음으로 기도하는 중에 주님께서 말씀을 주셨습니다.

"두려워하지 말고 오직 하나님이 무엇을 기뻐하실지 생각하고 그 일만 하라."

그 말씀에 제 영혼이 두려움과 염려의 감옥에서 벗어날 수 있었습니다. 그리고 이 말씀을 붙잡고 금요성령집회 때 '하나님께서 기뻐하시는 일을 하라' 시리즈 설교를 하였습니다. 이번에 그 설교를 정리하여 책으로 출간하게 된 것입니다.

이 책의 원고를 마무리할 즈음에 저는 선한목자교회 담임목사직에서 은퇴하였습니다. 지난 1월 호주에서 한 달 동안 안식월의 기간을 가지며 이 책의 원고를 마무리하였는데, 주님께서 은퇴 이후를 위하여 기도하는 저에게 너무나 분명히 말씀하셨습니다.

"어떤 것도 두려워하지 말고 오직 하나님이 기뻐하실 일이 무엇인가 생각하고 순종만 하라."

코로나19로 너무나 힘들 때 부목사 한 분이 설교 중에 "우리는 지금 좋은 때를 만났습니다"라고 외쳤습니다. 저는 크게 "아멘" 하였습니다. 은혜는 편안하거나 잘되거나 성공했을 때가 아니라 시험이 오고 고난이 닥칠 때 드러나기 때문입니다.

욥에게 편안한 날만 있었다면 욥기는 없었을 것입니다. 원인을 알 수 없는, 게다가 상상할 수도 없는 고난이 닥쳤기에 욥기가 나온 것이고 고난을 당하는 많은 성도들을 믿음으로 붙잡아주는 성경이 된 것입니다.

사도 바울이 로마에 쉽게 가서 복음을 전할 수 있었다면 로마서가 없었을 것입니다. 사도 바울이 로마에 가지 못하여 안타까워했던 그 때가 사실은 은혜의 때였던 것입니다.

코로나19 바이러스의 확산으로 온 세상이 큰 어려움을 겪은 2020년과 2021년은 많은 교회와 그리스도인에게 영적 각성과 삶에 엄청난 변화를 가져온 간증의 해가 될 것입니다. 우리가 할 일은 오직 주님만 바라보고 하나님이 기뻐하실 일에 순종하는 것입니다.

그런 의미에서 신앙생활이란 복잡하지 않습니다. 요한계시록 14장 4절에 "어린 양이 어디로 인도하든지 따라가는 자"라는 구절이 나옵니다. 이처럼 사는 것이 예수님을 믿는 것입니다.

아브라함은 갈 바를 알지 못하고 하나님의 말씀을 따라 고향을 떠났습니다. 우리도 지금 갈 바를 알지 못합니다. 미래를 알지 못합니다. 코로나19 이후 세상이 어떻게 될지 알지 못합니다. 그러나 딱 하나, 아는 것이 있습니다. 주님은 모든 것을 아시고 우리와 함께하신다는 것입니다.

하나님의 뜻인데도 우리가 엄청난 저항과 좌절을 만나기도 합니다. 주님께서 사도 바울에 대한 예언을 아나니아를 통하여 주셨습니다.

그가 내 이름을 위하여 얼마나 고난을 받아야 할 것을 내가 그에게 보이리라 행9:16

사도 바울은 자신이 많은 고난을 겪게 될 것을 알고 사역을 시작했다는 말입니다. 그래서 그가 고난과 실패를 겪었을 때 좌절하지 않았던 것입니다. 이것들이 자신의 사역의 일부분임을 알고 있었기 때문입니다. 우리도 우리의 형편과 상황을 보고 하나님의 은혜를 판단하면 안 됩니다. 오직 주님의 말씀을 붙잡고 매 순간 주님만 바라보며 순종하며 살 뿐입니다.

지금은 너무나 분명한 은혜의 때입니다. 우리는 지금 좋은 때를 만났습니다. 낙심되고 절망될 때 "주님이 내 안에 거하시며 나와 동행하신다!"라고 외치고 또 외쳐보시기 바랍니다.

유기성 목사

프롤로그

CONTENTS

01

하나님께서
기뻐하시는 일을 하라

"하나님, 왜 나를 이렇게 살게 하시나요?"라는 불만이 있다면 영적으로 잠이 든 것입니다. 불평과 원망이 심각한 죄인 이유는 우리가 받은 은혜가 너무나 엄청난 것이기 때문입니다.

코로나19로 인해 참 어려운 때에 너무나 걱정이 되어 "앞으로 교회는 어떻게 되겠습니까?", "또 우리나라는 어떻게 되겠습니까?", "여러 어려운 형편에 처한 교인들에게 목사로서 어떤 권면을 해야 합니까?"라는 기도를 드렸습니다. 그때 하나님께서 주신 응답을 잊을 수 없습니다. "두려워하지 마라. 염려하지 마라"는 것입니다. 너무 뻔한 말씀인 것 같았습니다.

그런데 그 이유가 깨달아지며 너무나 감격하였습니다. "하나님께서 모르시는 바도 아니고, 하나님이 능력이 없으신 것도 아니니 우리가 두려워하고 염려할 이유가 없다"는 것입니다. 그래서 "하나님, 맞습니다. 하나님께서 이 상황을 모르시는 바도 아니고, 여전히 우리와 함께 계시니 더 이상 걱정하지 않겠습니다. 오직 하나님이 원하시는 것이 무엇인지 깨닫게 해주소서"라고 기도하였습니다. 그때 하나님께서 주신 말씀이 "오직 내가 기뻐하는 일만 하라. 어떤 상황이 오든지 내가 기뻐하는 일만 하라"는 것이었습니다.

절대 속단하지 말라

사도 바울은 에베소교회에 이 말씀을 주셨습니다.

> 주를 기쁘시게 할 것이 무엇인가 시험하여 보라 엡 5:10

코로나19로 여전히 어려움이 계속되고, 한국 교회와 우리 나라와 개인적인 사정까지 걱정할 것이 많지만, 우리가 할 일은 너무나 단순합니다. 매 순간 '어떻게 하면 하나님께서 기뻐하실까?' 오직 그 생각만 하는 것입니다.

여러분, 힘들고 어려운 일이 생길 때 절대로 낙심하지 말아야 합니다. '이건 정말 너무 큰 고통이다. 견딜 수 없는 시련이다. 하나님은 왜 내게 이런 어려움을 당하게 하시나?'라고 속단하지 말아야 합니다. 고난과 시련이 힘들지라도 지나고 나면, 그 일로 인해서 하나님께 감사할 수 있다는 것을 알아야 합니다. 하나님께서는 우리 눈에 보기에 좋아 보이고 또 어려워 보이는 것에 마음이 요동하는 것을 기뻐하지 않습니다.

1966년부터 1976년까지 약 10년간 문화대혁명이라는 아주 극단적인 좌파 공산주의 운동이 중국에서 일어났을 때 중국 교회는 엄청난 어려움을 겪었습니다. 홍위병들의 선동에 의해 교회와 목회자들, 기독교인들이 말할 수 없이 끔찍한 박해를 받았습니다.

중국 가정교회는 문화대혁명이 일어나기 전부터 어려움을 당하기 시작했습니다. 중국 정부는 자신들이 통제할 수 있는 삼자교회를 만들어서 교회들이 삼자교회에 소속하기를 강요했습니다. 삼자교회에 들어가면 하나님을 믿는다고 하지만 공산당 아래 들어가는 것입니다. 그러니까 엄밀히 말하면, 진정한 교회라고 할 수 없는 것입니다. 그것을 내다본 목회자와 평신도 지도자들은 삼자교회에 들어가지 않겠다고 거부하였고, 그러자 그들은 감옥에 끌려갈 수밖에 없었습니다. 반면에 감옥에 가지 않으려고 삼자교회에 들어간 분들도 있었습니다. 그다음에 문화대혁명이 터진 것입니다.

그러나 삼자교회에 가입한 목회자들도 문화대혁명의 광풍에서 안전하지 못했습니다. 그들은 광장에 끌려 나가 혹독한 공개비판의 대상이 되었고, 끔찍한 테러를 당했습니다. 그런데 문화대혁명이 끝나고 난 다음에 예상 밖의 결과가 생겼습니다. 삼자교회에 소속된 목회자들은 대부분 일찍 죽었습니다. 왜냐하면 자아비판으로 온갖 수모와 테러를 당하면서 받은 상처가 너무 컸기 때문입니다. 심지어 너무 고통스러워 스스로 목숨을 끊는 목회자가 나왔을 정도였습니다. 그런데 삼자교회에 들어가지 않겠다고 감옥에 간 가정교회 목회자들은 문화대혁명 중에 오히려 보호를 받는 처지가 되었고 대부분 8,90세까지 살았습니다. 그들은 감옥에서 아주 규칙적인 생활을 했으며 이미 감옥에 있으니 더 이상 고통당할 일 없이 오히려 장수했습니다.

하나님이 기뻐하시는 일을 하라

하나님의 섭리가 참으로 놀랍지 않습니까? 어떤 순간에든지, 그 일이 큰 어려움을 겪게 하는 일일지라도 하나님이 기뻐하시는 일을 한다면, 고난이 지나고 났을 때 정말 잘했다는 결과가 따라옵니다.

문화대혁명을 거치면서 중국의 가정교회가 큰 어려움을 겪었지만, 오히려 그 어려움 때문에 유럽과 미국에서 유행하던 자유주의 신학의 영향을 받지 않았으며, 전 세계에서 가장 큰 규모의 근본주의적인 신앙을 가지는 교회가 되었습니다. 그래서 중국의 가정교회가 순수한 믿음, 성경적인 믿음, 기도하는 믿음, 주님의 다시 오심을 간절히 사모하는 종말론적인 신앙을 갖게 된 것입니다.

우리도 코로나19 때문에 여러 가지 흉흉한 소식, 곤혹스러운 일들을 많이 겪고 있지만, 우리가 할 일은 예수님을 기쁘시게 할 것만 생각하며 사는 것입니다. 주님이 기뻐하시는 일이 무엇인가 고민하고 그것에 순종하면 그다음은 하나님께서 책임져주십니다. 할렐루야! 정말 놀랍지요. 너무 명쾌하지요. 고민할 게 없어집니다. 경제가 어떻게 될지, 코로나19는 소멸이 될지, 나는 어떻게 살아갈지 등등 여러 가지 문제들이 우리를 힘들게 하고 방황하게 만들지만, 우리는 우리의 모든 생각의 초점을 "하나님이 기뻐하시는 일이 뭘까?" 하는 것에만 두고 살면 되는 것입니다.

그런데 "하나님이 기뻐하시는 일이 무엇인가?" 이렇게 물으면 우리는 또 답답해집니다. 하나님이 기뻐하시는 일만 하면 된다는 것은 너무 명확한데, 하나님을 기쁘시게 하는 것이 무엇인지는 너무 막연하다고 느낍니다. 그래서 하나님이 기뻐하시는 일이 무엇인지 성경을 통해서 찾아보려는 것입니다. 성경에 하나님께서 기뻐하시는 일이 무엇인지 명확하게 나와 있기 때문입니다.

사도 바울이 "주를 기쁘시게 할 것이 무엇인가 시험하여 보라"(엡 5:10)고 말씀하기 전에 하신 말씀이 있습니다.

너희가 전에는 어둠이더니 이제는 주 안에서 빛이라 빛의 자녀들처럼 행하라 엡 5:8

하나님이 기뻐하시는 일은 우리가 빛의 자녀들처럼 행하는 것입니다. 그러면 빛의 자녀들처럼 행하는 것은 어떻게 하는 것입니까? 착하고 의롭고 진실하게 행동하는 것입니다.

빛의 열매는 모든 착함과 의로움과 진실함에 있느니라 엡 5:9

하나님을 기쁘시게 하기 위해 사는 그리스도인

제2차 세계대전 당시 독일이 유대인들을 학살하는 끔찍한 죄를 지었을 때, 네덜란드 사람 코리 텐 붐(Corrie Ten Boom) 여사가 유대인들을 돕다가 체포되어 온 가족이 수용소에서 말할 수 없는 어려움을 겪었습니다. 결국 수용소에서 언니가 죽었고 전쟁이 끝난 후 그녀가 전 세계를 다니며 하나님의 역사를 간증할 때 독일에서 언니를 죽인 간수를 만나 용서했던 것은 너무나 유명한 일이었습니다.

이런 코리 텐 붐 여사의 믿음은 아버지로부터 물려받은 것입니다. 그녀의 아버지 캐스퍼 텐 붐은 시계방을 운영하였습니다. 경제적으로 무척 어려울 때, 하루는 한 부자가 시계를 사러 왔습니다. 그것도 아주 고가의 시계를 현금으로 사겠다고 했습니다. 그 시계를 팔면 한동안 온 가족이 어려움 없이 지낼 수 있었습니다. 그런데 시계를 팔기로 하고 이야기를 나누다 보니, 그 부자가 참으로 아끼는 시계가 있는데 고장이 나서 새 시계를 사려고 한다는 것을 알게 되었습니다.

코리의 아버지는 그 시계를 보여달라고 했고 그 시계를 받아들고 몇 가지를 만지더니 시계를 고쳐서 부자에게 돌려주었습니다. 결국 새 시계를 살 필요가 없어진 부자에게 돈을 돌려주며 새 시계를 팔지 않은 것입니다. 이 과정을 지켜보던 코리 텐 붐은 속이 터졌습니다. 시계를 고쳐주지 않았다면 고급 시계를 팔아 경제적인 어려움을 해결할 수 있는데, 아버지가 왜 바보 같은 짓을 하는지 이해할 수 없었습니다. 아버지는 화가 난 딸을 달래며 진지하게 대답했습니다.

"코리야, 돈은 필요하면 하나님이 언제나 우리에게 주실 수 있지 않겠니? 그러나 우리가 최선을 다해 정직하게 손님을 섬기지 않는다면 하나님이 기뻐하실까? 하나님께서 오늘 우리가 그 손님을 어떻게 대하기를 더 기뻐하셨을까? 고칠 수 있는데도 안 고쳐주고 새 시계를 파는 것을 기뻐하실까? 조금만 손보면 고칠 수 있는 것을 고쳐서 손님이 좋아하는 시계를 계

속 사용하도록 하는 것을 기뻐하실까? 코리야, 우리 그리스
도인은 돈을 벌기 위해 사는 사람들이 아니라 하나님을 기쁘
시게 하기 위해 사는 사람이란다.”

아직 잠들어 있습니까?

하나님은 우리가 손해가 되든 이익이 되든 모든 상황에서 착
함과 의로움과 진실함으로 행동하기를 기뻐하십니다. 코리
텐 붐 여사는 하나님이 기뻐하실 것으로 생각했기 때문에 유
대인들을 도왔습니다. 아버지에게 물려받은 신앙의 유산이었
습니다. 그 일 때문에 수용소에 끌려가고, 그곳에서 언니가 비
참하게 죽고, 본인 역시 극도로 수치스러운 일을 겪고 끔찍한
세월을 보냈습니다. 그러나 그 뒤에 하나님은 그 일로 인하여
굉장한 영광을 받으셨습니다.

우리도 그렇게 살아야 합니다. 여러분은 정말 착하고, 의롭
고, 진실하십니까? 이 질문 앞에 잊고 있었던 부끄러운 일이
갑자기 생각나거나, 여러분만 알고 있는 비밀스러운 일이 생
각나지는 않습니까? 그래서 착하고 의롭고 진실하다고 떳떳
이 말하지 못하겠다면, 이제는 더 이상 이 문제를 회피하지 말
아야 합니다. 우리의 문제는 코로나19나 여러 어려운 환경이

아닙니다. 진짜 중요한 문제는 우리가 그동안 하나님을 기쁘시게 하는 삶을 살지 못했다는 것입니다.

잠자는 자여 깨어서 죽은 자들 가운데서 일어나라 엡 5:14

우리가 착하게, 의롭게, 진실하게 살지 못하면서 세월만 보내고 있다면 영적으로는 잠자는 상태와 같습니다. 이 책을 읽고 있는 여러분은 '잠자는 자'가 아닐 것입니다. 잠을 자면서 책을 읽을 수는 없을 테니 말입니다. 그러나 한 번 생각해보기 바랍니다. 많은 사람들이 지난 세월을 돌아보면서 꿈을 꾼 것 같다고 말합니다. 해가 바뀌고 나이는 먹는데 특별히 기억나는 일이 없습니다. 삶은 달라진 것 없이 꿈꾸듯이 한 해가 지나갑니다. 그렇다면 우리는 정말 잠자는 사람인지 모릅니다. 시간은 정말 순식간에 흘러갑니다. 우리가 정말 영적으로 깨어나지 않으면 이렇게 살다가 어느 순간에 주님 앞에 서게 됩니다. 진짜 잠자는 상태에서 산 것입니다.

많은 그리스도인들이 영혼이 잠들어 있으면서 정작 자신이 '잠자는 자'인 줄 모릅니다. 직장에서 바쁘고 집안에서도 바쁘게 지내니 자신이 잠자는 상태일 거라고 상상도 못하는 것입니다. 그래서 정말 심각하고 위험한 것입니다. 도둑이 들어와도 모르고, 불이 나도 모르고, 자기가 죽어가는지도 모릅니다. 영적으로 완전히 잠들어버린 것입니다.

영적으로 잠든 사람의 특징은 예수님을 믿었지만 불신자와 구분이 안 되는 삶을 사는 것입니다.

> 너희는 열매 없는 어둠의 일에 참여하지 말고 도리어 책망하라 그들이 은밀히 행하는 것들은 말하기도 부끄러운 것들이라 엡 5:11-12

꼭 나 들으라고 하시는 말씀 같지 않습니까?

잠자는 자여 일어나라

웨슬리 목사님이 '잠자는 자여 일어나라'라는 제목으로 설교를 하신 적이 있습니다. 그 설교에서 영적으로 잠자는 자가 어떤 사람인지 다음과 같이 말씀했습니다.

"비참한 족쇄에 결박되어 있는데도 자신은 자유롭다고 생각하는 사람, 사탄이 그의 영혼을 완전히 소유하고, 한 번 떨어지면 다시 나올 수 없는 지옥이 그를 삼키려고 입을 벌리고 있는데도 평안하다고 말하는 사람, 하나님의 형상을 잃어버린 채 타락에 머물러 있지만 "닥쳐올 징벌을 피하라"(마 3:7)는 하나님의 경고를 결코 마음에 두지 않는 사람, 영혼의 내면에서 진지하게 "내가 어떻게 해야 구원을 얻겠습니까?"(행 16:30)라고 부르짖는 일이 없는 사람, 좋은 것과 나쁜 것을 분별하는 세련된 지각(히 5:14)을 갖지 못했고, 눈이 있어도 보지 못하며 귀가 있어도 듣지 못하는(막 8:18) 사람, 하나님을 인격적으로 만나지 못하고, 주님의 음성을 들은 일도 없고, 생명의 말씀을 손으로 만진(요일 1:1) 체험도 한 적이 없는 사람." 이런 사람이 '잠자는 사람'이라고 이야기했습니다.

교회를 다니는 성도들 중에도 지금 영혼이 잠든 상태에 있는 자들이 정말 많습니다. "아유, 목사님, 잠이 들었으면 교회에 나와 예배나 집회에 참여했겠습니까?"라고 말하는 분들도 있습니다. 물론 잠들었다가 가끔 깨기도 합니다. 예배드릴 때, 설교 들을 때, 말씀을 읽을 때 또는 보혈 찬양할 때, 기도할 때는 갑자기 정신이 돌아옵니다. 은혜받았다고 느낄 때, 회개해야 한다고 느낀다면 갑자기 깨어난 것입니다. '이렇게 살면 안 되겠다. 하나님이 정말 역사하시고 내게 말씀하시는구나. 내가 정말 바로 살아야겠다'고 마음에 단단히 다짐합니다. 아주 잠깐 깬 것입니다. 세상만 보며 살다가 순간 하나님이 보이고 하나님의 나라가 보이니 깜짝 놀라는 것입니다.

그런데 문제는 금세 다시 잠들어버리는 것입니다. 그러니까 잠깐 깨어나는 일이 몇 번 있지만 실제로는 내내 자는 것입니다. 아직도 이런 수준에서 산다면 그것은 너무 안타까운 일입니다. 운전할 때 졸음운전만 해도 얼마나 끔찍한 일이 벌어집니까? 멀쩡히 깨어 있다가 아주 잠깐 깜박 졸았는데도 엄청난 사고가 날 수 있는데, 내내 잠자는 상태로 있다가 이따금 깨는 정도의 수준의 삶을 어떻게 복 있는 삶이라고 할 수 있겠습니까?

하나님 기쁘시게 하기에도 짧은 인생

영적으로 잠들어 있는 사람의 특징 중에 하나는 불평과 원망이 많은 것입니다. 이것도 마음에 안 들고 저것도 속상하고, "하나님, 왜 나를 이렇게 살게 하시나요?"라는 불만이 있다면 영적으로 잠이 든 것입니다. 불평과 원망이 심각한 죄인 이유는 우리가 받은 은혜가 너무나 엄청난 것이기 때문입니다. 받은 은혜는 전혀 생각나지 않고 지금 겪는 어려움만 보게 되니 불평과 원망이 나올 수밖에 없습니다.

영적으로 깨어 있으면 아무리 힘들고 어려운 여건 속에서도 우리가 할 수 있는 것은 감사와 찬송밖에 없습니다. 영적으로 제대로 눈이 뜨인 사람은 그렇게 됩니다. 상상할 수 없는 은혜를 받고도 원망과 불평, 미움, 탄식이 나온다면 영적으로 완전히 잠들어 있는 것입니다.

가족을 소홀히 여기는 것도 잠이 든 것입니다. 가족을 위해서도 소홀하면 하나님을 위한 시간은 어떻겠습니까? 하나님을 위해서 하루에 얼마나 많은 시간을 쓰고 사십니까? 그래서 사도 바울이 "주를 기쁘시게 할 것이 무엇인가 시험하여 보라"(엡 5:10)고 한 것입니다. 가정과 직장에서, 어떤 순간에든지 '하나님이 기뻐하시는 일이 뭘까?', 말 한마디라도 '아, 이럴 때 이렇게 말하면 하나님이 기뻐하시겠구나' 이렇게 생각하며 살아보라는 것입니다. 왜냐하면 우리에게 주어진 시간이 너무 아깝기 때문입니다.

세월을 아끼라 때가 악하니라 엡 5:16

여러분, 우리에게 주어진 시간은 정말 제한되어 있습니다. 지금까지 살아온 세월 동안 여러분은 얼마나 하나님을 기쁘시게 하는 삶을 살았습니까? 생각해보면 주님 만나기 부끄러울 정도입니다. 이제부터 살아가는 세월도 마찬가지입니다. 눈 깜박하면 1년이 지나가고, 또 깜박하면 1년이 지나고, 그렇게 몇 번 하면 주님 앞에 갈 시간이 다가옵니다. 그러니 정말로 세월을 아껴야 합니다.

주님을 바라볼 때 영적인 눈이 떠진다

그러면 어떻게 영적으로 깨어날 수 있습니까? 빛이신 주님을 바라보아야 합니다.

> 그러므로 이르시기를 잠자는 자여 깨어서 죽은 자들 가운데서 일어나라 그리스도께서 너에게 비추이시리라 하셨느니라 엡5:14

주님을 바라보면 우리의 영이 잠에서 깨어납니다. 답답하고 고통스럽기만 하던 가정이 영적으로 깨어서 보니 하나님이 내게 주신 너무 귀중한 기회입니다. 가족을 섬기고, 끝까지 믿음의 본을 보이고, 사랑할 수 있는 둘도 없는 기회입니다. 직장에서 속을 썩이기만 하던 사람도 주님이 눈을 열어주시면 주님의 사랑으로 그를 섬길 수 있는 기회를 주셨다는 것을 알게 됩니다. 주님이 빛을 비춰주지 않을 때는 그저 나를 괴롭히기만 하는 원수 같은 사람이었는데, 주님이 빛을 비춰주시니까 자신을 통해 주변에 있는 사람들에게 복음의 능력, 용서와 사랑의 능력, 진짜 하나님을 믿는 자의 빛을 드러내는 놀라운 기회 주심을 알게 되어 오히려 감사하게 됩니다.

어려움이 없었다면 믿음의 빛의 증거도 없습니다. 시험이 없다면 진짜 사랑이 검증되지도 않습니다. 전에는 답답한 상황이라고만 여겨졌는데, 주님을 바라보니까 빛이신 주님이 내게 환히 비추어주십니다. 그리고 갑자기 눈이 뜨입니다. 가정도, 일터도, 교회도, 지금 이 시대도 마찬가지입니다.

예수께서 또 말씀하여 이르시되 나는 세상의 빛이니 나를 따르는 자는 어둠에 다니지 아니하고 생명의 빛을 얻으리라 요 8:12

우리가 할 수 있는 일은 그저 주님을 따라가는 것입니다. 주님을 바라보고, 주님을 따라 살면 생명의 빛을 얻게 됩니다.

예수동행일기 : 주님이 비춰주시는 내 모습

한번은 어떤 분이 저에게 보낸 메일을 읽다가 깜짝 놀란 적이 있습니다.

"목사님, 사실 저는 목사님을 바로 앞에서 뵙고 한 5분 정도를 함께 걸었던 적이 있습니다. 그날 저는 아이 손을 잡고

역을 향해 걸어가고 있었습니다. 그런데 앞서가시는 분이 약간은 느린 듯한 걸음으로 휘청휘청 걸어가고 있었고, 사람들이 인사하기에 누군가 했는데 목사님이셨습니다. 무언가 생각하시며 혼자 걸으시는 모습이 인상적이었습니다. 저는 따르고 싶은 선배님으로 생각하고 있었기에 앞서지 않고 길이 갈라지는 순간까지 숨죽이며 목사님 바로 뒤에 있었지요."

저를 알아보고 반가웠다는 내용이었지만 어디서든지 누군가 저를 지켜보고 있다는 사실이 솔직히 두려웠습니다. "약간은 느린 듯한 걸음으로 휘청휘청 걸어가고 있었다"라는 표현에 부끄러움도 느꼈습니다. 나는 반듯하게 힘차게 걷고 있다고 생각했는데, 사실은 느릿느릿 휘청휘청 걷고 있었습니다. 내가 내 모습을 잘 모른다는 것을 깨달았습니다. 다른 사람이 내가 어떤 모습이라고 이야기해주니까 아는 것이었습니다.

그러면서 '내가 보지 못하는 나의 모습은 어떨까? 특별히 주님이 보시는 내 모습은 어떨까?' 하는 생각을 했습니다. 사람은 그저 내 외모만 볼 수밖에 없지만, 주님은 나의 내면까지도 보시니까 말입니다. 이것이 제가 매일 예수동행일기를 쓰면서 얻는 유익입니다. 매일 예수동행일기를 쓰면 아침부터 일기를 쓰는 시간까지 오늘 하루 무슨 일이 있었고, 누구를 만났는지 돌아볼 수 있게 됩니다. 하루를 주님의 눈으로 돌아보며 기록해보니 제가 어떤 생각을 했고, 어떤 말을 했고, 어떤 행동을 했는지 보게 되는 것입니다. 그리고 그것이 바로 빛 가운데 나가는 것입니다. 주님과 함께 정말 빛 가운데 살아가게 됩니다.

예수동행일기 : 빛 가운데 걷는 삶

일기를 혼자서 쓰는 것과 신뢰할 수 있는 사람들과 나누는 것은 엄청난 차이가 있습니다. 일기를 혼자서 쓰면 자신의 하루를 돌아보는 유익이 있지만, 그것으로 끝입니다. 그런데 일기를 다른 사람들과 나누려고 하면 그것으로 충분하지 않습니다.

혼자만의 일기를 쓰면 '힘들다', '어렵다', '죽겠다'고 쓰면 그만입니다. 그러나 일기를 나눌 때는 달라집니다. 푸념하고 원망하는 데서 그치지 못합니다. 그렇게 하면 안 된다는 생각이 드는 것입니다. 그래서 자신의 마음을 아는 데서 그치지 않고 정돈하게 됩니다. 하루의 삶을 붙잡고 기도하게 됩니다. 그러면 자신의 삶 속에서 주님의 인도하심을 깨닫게 되고 자신의 마음을 고치게 됩니다. 회개할 것은 회개하고, 고칠 것은 고치고, 그 가운데서 감사가 깨달아집니다. 그것을 일기로 나누게 됩니다. 이것이 다른 사람에게 자신의 하루 일기를 공개할 때 얻게 되는 유익입니다. 이렇게 자신의 마음을 다듬어가는 것입니다.

그래서 예수동행일기는 '빛 가운데 걷는 삶'입니다. 주님은 "빛의 자녀들처럼 행하라"고 말씀하셨는데, 저는 10여 년 동안 예수동행일기를 쓰면서 그 말씀이 가능하다는 것을 알게 되었습니다. 우리는 늘 거울을 보면서 지내니까 서로의 얼굴을 편하게 볼 수 있습니다. 그런데 만약 아침에 일어나서 거울을 한 번도 안 보았다면, 머리가 헝클어지고, 얼굴에 뭐가 묻어 있고 아주 보기 민망할 것입니다. 하루만 거울을 안 봐도 그런데, 일주일쯤 거울을 안 보고 살았다면 주변 사람들이 계속 쳐다볼 것입니다. 한 달 동안 거울을 안 보고 살았다면 아마 사람들이 가까이 오려고 하지 않을 것입니다.

우리가 거울을 보며 사는 것과 거울을 전혀 보지 않고 사는 것도 이렇게 엄청난 차이가 있습니다. 그렇다면 마음과 생각까지 주님 앞에 늘 비추어 보고 사는 사람과 자신의 내면을 전혀 살펴보지 않고 그냥 하루를 보내고, 피곤하면 쓰러져 자고, 저녁에 뉴스나 TV를 보다가 잠드는 사람의 삶이 똑같을 수 없는 것입니다. 늘 빛 가운데 사는 사람과 빛 가운데 자기를 전혀 돌아보지 않고 사는 사람은 시간이 지나면 완전히 다른 삶을 살게 됩니다. 우리는 주님 앞에서 끊임없이 자신을 비추어봐야 합니다. 오늘도 마찬가지입니다. 정말 꾸준히 그리해야 합니다.

미국의 유명한 방송 설교자였던 짐 베이커 목사는 미국 교회 성공의 아이콘 같은 사람이었습니다. 그런데 그가 죄를 짓고 감옥에 갔습니다. 그가 《나는 잘못되었다》(I Was Wrong)라는 책을 출간했습니다. 그 책에서 그는 이런 말을 합니다. "방송을 통해 유명한 목사가 되고 3천 명의 직원을 두고, 1년에 1억 9천만 달러라는 예산으로 200개 채널의 텔레비전 방송국을 통하여 일할 때 정말 바빴습니다. 하루에 16시간씩 일하다보니 더 이상 조용히 앉아서 성경을 읽을 시간이 없었고, 더 이상 엎드려 기도하는 시간을 가질 수 없었고, 가족과 함께하는 시간도 가질 수 없었습니다. 그때 유혹이 찾아왔는데, 나는 그것을 반격하여 물리칠 수 있는 아무런 무기도, 영력도, 하늘의 도움도 얻을 수가 없었습니다."

여러분, 매일 주님 앞에서 나를 돌아보는 일, 이 일은 해도 되고 안 해도 되는 일이 아닙니다. 짐 베이커 목사는 당시 미국 최고의 목사이자 가장 유명한 목사였습니다. 세상적인 기준으로 보아도 대성공한 삶을 살았습니다. 그런데 한순간에 무너졌습니다. 왜 그랬을까요? 너무 바빠 주님 앞에서 자기를 돌아볼 시간이 전혀 없었기 때문입니다. 그러다가 어느 순간 유혹이 왔을 때 삼손처럼 그 유혹을 이길 힘이 없었던 것입니다.

유혹을 이길 힘이 무엇입니까? 주님이 함께 계신 것이 믿어지는 것, 주님이 의식되는 것, 유혹의 순간에 주님의 말씀이 들리는 것입니다. 그러면 어떤 유혹이 와도 이길 수 있습니다. 옆에 사람만 함께 있어도 유혹을 이길 만한 힘이 있는데, 주님이 함께 계신 것이 믿어지는데 어떻게 유혹에 넘어질 수 있겠습니까?

예수동행일기 : 주님과 친밀히 동행하는 일에 놀라운 진보

매일 주님 앞에서 늘 주님을 바라보고 사는 일은 우리의 삶을 엄청나게 바꿔놓습니다. 그래서 매일 피차 권면하는 일이 필요한 것입니다(히 3:13). 예수동행일기를 쓰기만 하는 것이 아니라 서로 나누라고 하는 이유가 피차 권면하는 일이 필요하기 때문입니다. 서로 점검해주는 것입니다. 예수동행일기를 꾸준히 쓰는지도 점검하고, 그가 일기를 통해 정말 주님을 바라보고 사는지도 서로 점검해주는 것입니다. 왜 그렇게까지 살아야 합니까? 우리가 빛이신 주님을 바라볼 때만 빛 가운데서 살기 때문입니다. 주님을 바라보지 못하면 우리는 그 순간에 어둠의 자식이 되고 맙니다.

예수동행일기 사역을 한 지 12년이 지난 지금 선한목자교회 교인 중에 주 1회라도 일기를 쓰고 나누는 교인이 3천 명 정도, 주 3회가량 일기를 쓰는 교인이 1천 5백여 명 정도이고, 매일 일기를 쓰는 분들은 500명 정도입니다. 이것은 실로 엄청난 영적인 힘입니다. 어떤 분은 "교인 수에 비해 너무 적지 않습니까?"라고 이야기합니다. 그런데 저는 많다고 생각합니다. 적어 보이지만 대단한 수치입니다. 왜냐하면 제가 "매일 주님과 동행하세요. 그것을 매일 일기로 써보세요"라고 설교만 하였다면, 저 정도의 숫자도 불가능했을 것이기 때문입니다. 예수동행일기를 쓰고, 일기를 나누고, 서로 권면하고, 끊임없이 제자훈련 시키고, 12년을 한결같이 그렇게 해온 결과이기 때문입니다.

그렇다면 매일 주님과 동행하며 자신의 마음을 주님께 내어놓고 점검하며 사는 사람이 1천 명 정도 된다면, 그런 사람이 3천 명이 되면 어떤 역사가 일어날까요? 예수동행일기는 본래 주님과 자신의 관계를 스스로 점검해보도록, 그것을 꾸준히 유지하기 위한 수단이었는데, 계속 지켜보다보니 성도들 사이에 일기를 나누며 믿음의 지체들을 통해 얻는 유익도 대단히 크다는 것을 알게 되었고, 그러면서 서로 붙들어주고 주님과 친밀히 동행하는 일에 놀라운 진보가 이루어졌습니다.

여러분, 하나님이 기뻐하실 일이 무엇일까요? 우리 자신이 빛의 자녀처럼 사는 것입니다. 빛의 자녀로 살려면 빛이신 주님을 계속 바라보는 것밖에는 길이 없습니다. 주님을 바라볼 때 주님이 여러분에게 빛으로 비추십니다. 그때 눈이 열립니다. 여러분이 주님을 바라보지 않고 살던 때와는 완전히 다른 생각을 하게 됩니다. 감사가 터지고, 사랑할 사람을 알게 되고, 섬겨야 될 영역이 있고, 정말 하나님이 하시는 일들이 눈에 보입니다.

그러니까 지금 상황이 힘들고, 어렵고, 답답하고, 괴롭고, 죽을 것 같아도 그렇게 판단하지 않겠다고 결단하며 매 순간 내게 빛으로 비춰주시는 주님을 바라보면서, 주님만 따라가겠다고 다짐하시기를 바랍니다. 또 나 혼자만 그렇게 결심하지 않고, 옆에 있는 믿음의 공동체와 함께 나아갈 수 있도록 서로 도와줍시다. 혼자 깨어 있는 자로 살기는 힘듭니다. 그러나 함께하면 쉽습니다. 이것이 교회의 축복입니다. 서로 마음을 열고 손을 잡아야 합니다.

주님을 기쁘시게 하는 기도

1 앞으로 어떤 일이 있을지 모르지만 어떤 형편에서든지 오직 하나님을 기쁘시게 하며 살게 하소서.

2 가정이나 교회, 일터에서 빛의 자녀처럼 착하고 의롭고 진실하게 살게 하소서.

3 빛이신 주님을 바라보며 주님 안에 거하는 일에 서로 마음을 열고 연합하게 하소서.

나는 죽고
예수로 사는 자를 기뻐하신다

하나님은 예수님 보시는 것이 정말 기쁘셨습니다. 그러니 우리
가 "나는 죽고 이제 예수로 산다"라고 고백하며 살아가는 것을
하나님께서 견딜 수 없을 정도로 기뻐하시지 않겠습니까?

힘들고 어려운 문제가 많은 시기를 지내고 있는데, 주님은 계속해서 "걱정하지 마라", "염려하지 마라", "안달하지 마라", "조급해하지 마라", "두려워하지 마라"라고 하십니다. 주님이 우리에게 명하신 한 가지는 오직 어떻게 하면 '하나님께서 기뻐하시는 일을 할까?' 생각하고 순종하라는 것입니다. 그러면 어떤 절망적인 순간, 죽을 것 같은 순간에도, 하나님께서 반드시 살리시고 지금의 어려운 때가 하나님의 축복의 때가 되게 하신다는 것입니다. 이것을 깨닫고 마음이 기뻤습니다. 하나님이 기뻐하실 것만 생각하면 된다는 것이 참으로 간단하게 느껴졌습니다.

그런데 하나님이 무엇을 기뻐하실지 생각해보니 만만치 않은 주제라는 것을 알게 되었습니다. 하나님이 기뻐하실 일만 생각하고 산다는 원칙은 너무 명확한데, 하나님이 무엇을 기뻐하실지 아는 것은 혼란스럽기도 하고, 헷갈리기도 하다는 느낌을 받습니다. 그 말은 우리가 그동안 하나님이 기뻐하실 일이 무엇인지 깊이 생각하지 않고 살았다는 것입니다. 급한 일, 눈앞에 닥친 어려운 문제, 바쁜 일상에 매여 정신없이 살았지, 하나님이 무엇을 기뻐하실까에 대하여 진지하게 질문하지 못해 생각이 명확히 정리되지 않은 것입니다.

기쁨이 넘치는 분과 함께하라

그때 존 파이퍼 목사님의 《하나님의 기쁨》(두란노)이라는 책을 읽고 도전을 받았습니다. 그래서 '하나님께서 기뻐하시는 일을 하라'는 주제로 말씀을 전해야겠다고 생각했습니다. 존 파이퍼 목사님은 우선 "하나님은 기쁨이 넘치시는 분이다"라고 했는데 그 말이 마음에 와닿았습니다. 기쁨이 없는 하나님, 행복하지 않은 하나님은 상상이 안 됩니다.

하나님에게 기쁨이 없다면 하나님께 가까이 가는 것이 부담이 될 것입니다. 기쁨이 없는 사람과 같이 지내는 것은 스트레스를 받는 일입니다. 반면 기쁨이 넘치는 사람과 함께 시간을 보내고 밥을 먹고 차를 마시면 정말 큰 힘이 됩니다. 기쁨의 사람과 함께 있는 것 자체가 기쁨이기 때문입니다.

우리가 가족에게 줄 수 있는 최고의 섬김, 교우들에게 해줄 수 있는 최고의 봉사는 사실 스스로 기쁨이 충만한 상태에 있는 것입니다. 기쁨이 충만한 아내와 함께 있는 남편, 기쁨이 충만한 남편과 함께 있는 아내, 기쁨이 충만한 부모의 자녀들이 얼마나 행복하겠습니까? 성도들도 기쁨이 충만한 목사, 기쁨이 충만한 장로, 권사, 집사들과 함께 있으면 근심, 걱정이 다 사라진 것 같은 회복을 얻습니다.

> 내가 이것을 너희에게 이름은 내 기쁨이 너희 안에 있어 너희 기쁨을 충만하게 하려 함이라 요 15:11

예수님은 마음에 기쁨이 있다고 하셨습니다. 어떤 일이 있어서 기쁜 게 아니라 예수님 안에 '기쁨'이 충만하게 있다는 것입니다. 그래서 예수님을 만나고 예수님과 함께 무슨 일을 하게 될 때 거기에 기쁨의 역사가 일어나는 것입니다.

우리는 기쁜 사람을 만나야 기쁘고, 기쁜 일이 생겨야 기뻐하는 조건적인 사람입니다. 그러나 하나님은 당신의 본성 안에 '기쁨'이 있으십니다. 이것이 기가 막힌 것입니다. 그래서 우리가 하나님을 믿는 것이 구원인 것입니다.

물론 성경에 하나님의 탄식, 진노, 슬픔, 애통하심이 나옵니다. 그런데 하나님의 슬픔과 진노하심, 그 너머에 하나님의 기쁨이 있습니다. 분명한 것은 하나님께서 '기쁨의 하나님'이 아니라면 "예수 그리스도, 행복의 시작"일 수 없고, 복음이 우리를 행복하게 할 수도 없을 것입니다. 하나님께서 기쁨이 넘치고 행복한 하나님이시기에 우리가 하나님을 믿고 영원한 하나님의 나라에 소망을 두는 것입니다. 왜? 그 나라는 기쁨이 충만할 테니까요.

하나님이 기뻐하시는 예수님

하나님의 기쁨이 무엇인지 성경에 너무나 분명히 말씀하셨습니다. 하나님께서 독생자 예수 그리스도를 기뻐하신다는 것입니다. 예수님이 세례를 받으시고 물에서 올라오실 때 하늘이 열리고 하나님의 성령이 비둘기같이 예수님에게 임하시며 하늘로부터 "이는 내 사랑하는 아들이요 내 기뻐하는 자라" 하는 소리가 들렸습니다.

예수님이 변화산에 올라가셨을 때, 베드로와 요한, 야고보가 예수님의 모습이 천상에서의 모습으로 변화된 것을 봅니다. 그 때에도 빛난 구름이 그들을 덮으며 구름 속에서 "이는 내 사랑하는 아들이요 내 기뻐하는 자니 너희는 그의 말을 들으라" 하는 소리가 들렸습니다.

선지자 이사야도 예수님을 보시는 하나님의 마음을 예언하였습니다.

내가 붙드는 나의 종, 내 마음에 기뻐하는 자 곧 내가 택한 사람을 보라 내가 나의 영을 그에게 주었은즉 그가 이방에 정의를 베풀리라 사 42:1

하나님께서 성자 예수님을 기뻐하신다는 것은 너무나 당연한 사실입니다. 그것은 곧 하나님 자신을 향한 기쁨이기도 했습니다. 왜냐하면 하나님과 예수 그리스도는 일체이기 때문입니다. 성자 예수님을 향한 하나님의 기쁨은 하나님이 기뻐하시는 일을 행하고자 하는 우리에게 어떤 의미가 있을까요? 하나님을 기쁘시게 하려면 마음을 열고 예수님을 영접하여야 한다는 것입니다.

마음을 열고 예수님을 영접하라

볼지어다 내가 문 밖에 서서 두드리노니 누구든지 내 음성을 듣고 문을 열면 내가 그에게로 들어가 그와 더불어 먹고 그는 나와 여기서 풀리지 않는 문제 하나가 풀립니다. 완벽하고 의로 우신 하나님께서 어떻게 불의하고 불완전하고 하나님께 늘 죄짓는 우리를 기뻐하실 수 있느냐 하는 것입니다.

너의 하나님 여호와가 너의 가운데에 계시니 그는 구원을 베푸실 전능자이시라 그가 너로 말미암아 기쁨을 이기지 못하시며 너를 잠잠히 사랑하시며 너로 말미암아 즐거이 부르며 기뻐하시리라 하리라 습 3:17

스바냐 선지자는 하나님께서 하나님의 백성들을 견딜 수 없이 기뻐하신다고 선포하였습니다. 이 말씀은 우리에게 얼마 나 큰 위로가 되고, 힘이 되고, 소망이 되고, 격려가 되는지 모 릅니다. 그렇지만 많은 사람들이 이 말씀을 좋아하면서도 말 씀 그대로 믿지 못합니다. 믿어져야 믿는 것인데, 자기가 자신 을 보기에도 실망스럽고 모자란데, 하나님이 자기를 보며 기 뻐서 견딜 수 없어 하신다니 도저히 믿어지지 않는 것입니다.

그런데 우리가 예수님을 영접하면 하나님께서 우리를 보실 때, 우리만 아니라 우리 안에 거하시는 예수 그리스도를 보시며 기뻐하는 것입니다. 우리가 하나님을 기쁘시게 하는 어떤 일을 해서가 아니라 예수님을 영접한 우리 존재 자체가 하나님께 크나큰 기쁨이 되는 것입니다. 부모 역시 자녀가 어떤 일을 잘해야만 기뻐하는 것이 아닙니다. 자녀의 존재 그 자체가 부모에게는 기쁨입니다. 우리가 예수님을 영접하는 순간, 우리 존재는 하나님의 기쁨이 됩니다. 그러니 우리가 하나님을 기쁘시게 해드릴 수 있는 가장 첫 번째 일은 예수님을 진정으로 마음에 영접하는 것입니다.

예수님이 내 안에 계신가?

마태복음 7장 21-23절에 보면 예수님은 예수님의 이름으로 귀신을 쫓아내고 기적도 행하고, 예수님의 이름으로 놀라운 사역을 했던 많은 주의 종들이 실제로 주님 앞에 갔을 때는 "네가 누구냐? 내가 너희를 도무지 알지 못하니 불법을 행하는 자들아 내게서 떠나가라"라는 말을 들을 것이며, 그런 사람이 많을 것이라고 하셨습니다. 얼마나 두려운 말씀입니까?

이 말씀은 예수님을 영접하면 우리의 존재 자체가 하나님이 기뻐하시는 대상이 된다는 것과 모순되는 것처럼 보입니다. 그냥 예수님을 믿은 것도 아니고 예수님의 이름으로 기사와 이적을 행하고 귀신도 쫓아냈던 사람들, 요즘으로 하면 정말 유명한 목사와 선교사, 큰 능력을 행하는 은사자들이 주님 앞에 갔을 때 "내가 너를 도무지 알지 못하니 내게서 떠나가라"라는 말을 듣는다는 것입니다.

'그렇다면 평범한 교인들은 어떨까?' 두려운 마음이 생길 것입니다. 그래서 꼭 기억해야 합니다. 예수님의 이름으로 큰 역사를 행하는 사람이라도 그 사람 안에 예수 그리스도께서 거하지 않는 사람이 있다는 말입니다. 아니, 많다는 것입니다. 예수님이 그 사람 안에 거하시는 사람을 하나님께서 어떻게 모른다고 하실 수 있겠습니까? 예수님이 그 마음에 거하지 않은 상태에서도 은사를 받아 주의 이름으로 큰 역사를 행할 수 있다는 것이 두려운 것입니다.

그래서 사도 바울은 예수 그리스도께서 자기 안에 거하시는 것을 스스로 시험해보고 확증하라고 했습니다.

너희는 믿음 안에 있는가 너희 자신을 시험하고 너희 자신을 확증하라 예수 그리스도께서 너희 안에 계신 줄을 너희가 스스로 알지 못하느냐 그렇지 않으면 너희는 버림받은 자니라 고후 13:5

이 말씀은 고린도교회 교인들에게 하신 말씀입니다. 많은 그리스도인들이 "예수님이 내 안에 계신다"라고 말합니다. 그러면서도 예수님이 그 마음에 계신다면 도저히 할 수 없는 말과 행동을 합니다. 예수님이 자기 안에 계신 것을 스스로 알지 못하는 사람인 것입니다. 자신이 교회에 오래 다녔거나 중직을 맡았거나, 어떤 은사가 있어서 기적을 행하여도 진짜 중요한 것을 확인해야 합니다. "예수 그리스도께서 자기 안에 계신가?" 시험해보아야 하고 반드시 확증해야 합니다. 막연하게 믿어서는 안 됩니다.

예수님이 마음에 거하여 계신다는 생각을 조금도 하지 못하고 사는 그리스도인들이 많습니다. 정말 두려운 일입니다. 코로나19 바이러스 확산 등 어려운 일이 한둘이 아니지만, 그런 가운데서도 하나님을 기쁘시게 할 수 있는 일들이 있습니다. 정말 예수님을 마음에 영접하고 사는 것입니다. 하나님이 기뻐하시는 예수님을 마음에 모시고 사니 세상에 이보다 더 하나님 앞에서 잘하는 일이 어디 있겠습니까?

하나님이 자기 안에 계신 것을 진짜 믿게 된 사람

우리가 예수님을 마음에 영접하고 예수님이 자기 안에 거하심을 분명히 믿게 될 때, 그는 진정 거듭나게 됩니다. 삶이 완전히 변화되고 하나님이 기뻐하시는 존재가 됩니다. 헨리 스쿠걸의 《인간의 영혼 안에 있는 하나님의 생명》(생명의말씀사)이라는 책이 있습니다. 그는 진정한 복음을 이해하는 사람들이 너무 적음을 탄식했습니다. 사람들이 예수님을 믿는 기독교의 본질을 '정통 신앙과 교리'에 두거나 '종교적이고 도덕적인 행위'를 하는 것에 두거나, '황홀하고 뜨거운 감정적 체험'에 있다고 여기는 이들이 많았기 때문입니다. 그러나 스쿠걸 목사는 "기독교란 인간의 영혼 안에 하나님의 생명이 들어온 것입니다"라고 정의했습니다.

그리스도인은 단순히 선하고, 단정하고, 도덕적인 사람이 아닙니다. 하나님께서 그 사람 안에 들어간 것입니다. 그래서 그리스도인 안에 생명과 권능이 있습니다. 그 사람이 그리스도인입니다.

이 책은 요한 웨슬레 형제와 조지 횟필드가 중생하는 데 엄청난 영향을 끼쳤습니다. 이 책을 읽을 때까지 웨슬레 목사님은 하나님이 자기 안에 임하셨다는 사실을 알지 못했다고 했습니다. 자신이 목사의 아들이었고 자신이 목사이며 선교사였고, 교회생활과 성경 말씀대로 사는 열심이 있었지만, 그는 하나님이 자기 영혼 안에 들어와 계신다는 것을 몰랐습니다. 그것을 명확하게 가르쳐주는 사람이 없었습니다. 진정한 그리스도인이 아니라 종교인이었던 것입니다.

그는 그 책을 읽고 그것을 어떻게 받아들여야 할지 모를 만큼 충격을 받았습니다. 그리고 자기 안에 예수님이 거하신다는 것을 정말 믿게 되면서 거듭난 삶을 살게 되었고, 영국의 대부흥을 일으키는 주의 종이 되었습니다. 하나님이 자기 안에 거하시는 것을 진짜 믿게 된 사람은 이렇게 됩니다. 그렇게 안 되는 것이 이상한 것입니다. 하나님이 내 안에 거하시는 것을 정말 믿는데 어떻게 옛날처럼 살 수 있겠습니까? 하나님이 내 안에 계신데 말입니다.

내 안에 그리스도께서 사신다!

여러분은 예수님이 우리 안에 거하신다고 말씀을 들어서 아는 정도입니까? 정말 여러분 안에 예수님이 계십니까? 여러분에게는 지금 예수님을 마음에 모시고 있다는 증거가 있습니까? 여러분의 삶에 예수님이 여러분 안에 계신다는 증거가 있습니까? 하다못해 여러분의 표정, 말이나 행동이 다른 사람과 다르다는 말을 자주 들으십니까? 예수님이 내 안에 계신다는 사실을 정말 믿게 되었을 때, 사람은 확 달라집니다. 달라질 수밖에 없습니다. 예수님을 진짜 마음에 모시고 사는데 자기 자신뿐 아니라 주변 사람들이 어떻게 그것을 모를 수가 있겠습니까?

사도 바울은 그저 "예수님이 내 안에 계신가"라고 표현하지 않고, 한 걸음 더 나아가 충격적인 고백을 했습니다.

> 내가 그리스도와 함께 십자가에 못 박혔나니 그런즉 이제는 내가 사는 것이 아니요 오직 내 안에 그리스도께서 사시는 것이라 이제 내가 육체 가운데 사는 것은 나를 사랑하사 나를 위하여 자기 자신을 버리신 하나님의 아들을 믿는 믿음 안에서 사는 것이라
>
> 갈 2:20

사도 바울의 이 고백이 바로 예수님이 자기마음에 계신다는 것을 진짜 믿는 사람의 고백입니다. "예수님이 우리 안에 거하신다"라는 말씀을 들어본 적이 있는 사람에게는 갈라디아서 2장 20절 말씀이 너무 이상하게 들립니다. 그런데 예수님이 자기 안에 오셨다는 사실을 정말 믿게 되면 갈라디아서 2장 20절의 고백을 당연하게 하게 됩니다.

예수님을 모시고 사는데 어떻게 내가 산다고 할 수 있겠습

니까? "나는 예수님과 함께 십자가에 못 박혔고, 이제 내 안에 사시는 분은 예수님이십니다." 자신이 죽었는데 여전히 살아 있는 것이 참 모순처럼 느껴집니다. 그러나 분명히 자기 옛사람은 예수님과 함께 십자가에서 죽었고, 이제는 부활하신 예수님의 생명으로 여전히 육체 가운데 살아 있습니다. 이제는 오직 예수님을 믿는 믿음으로 사는 것뿐입니다.

이 고백이 되는 사람은 예수님을 진짜 마음에 영접한 사람입니다. 그 사람 안에 예수님이 정말 생명으로 역사하고 있기에 하나님께서 말할 수 없이 기뻐하십니다. 우리가 하나님을 기쁘시게 해드릴 수 있는 일 중에 이보다 더 큰 일이 있을까요?

나는 죽고 예수로 사는 사람

그런데 안타깝게도 많은 그리스도인들이 예수님과 함께 죽었음을 믿으려고 하지 않습니다. "꼭 그렇게 믿어야 하나요?" 죽는 것이 가장 힘들다는 사람도 있습니다. "그동안 죽어봤는데, 이제 더 이상 안 죽겠다"는 사람도 있습니다.

《나는 죽고 예수로 사는 사람》(규장)이라는 책을 처음 내고 나서 그 후 중국과 대만에서도 그 책이 번역 출간되었습니다. 제목이 '나는 죽고 예수로 사는 사람'이니 한자로 제목을 붙인다면 〈我死耶蘇生〉(아사야소생)으로 하면 될 것 같은데 제목 때문에 논란이 있었습니다. 그런 제목을 붙이면 사람들이 다들 서점에 진열된 책을 피해 갈 것이라는 의견이 강했습니다. 책 제목이 주는 느낌이 너무 강하다는 것입니다. 그래서 결국 '24시간 예수님을 바라보는 사람'이라는 의미를 가진 제목으로 대만판을 출간하였습니다.

그 이야기를 전해 듣고 마음이 씁쓸했습니다. 성경의 진리, 복음을 있는 그대로 이야기하면 사람들이 싫어한다니…. 불신자들만 그런 것이 아니라 기독교인들도 그렇다는 것입니다. 나는 죽고 예수로 사는 것은 너무 힘들고, 너무 부담스럽고, 너무 싫어서 책 제목으로도 쓰지 못하는 것입니다.

사실 한국에서 첫 책을 출간할 때도 비슷한 문제가 있었습니다. 그런 제목을 붙이면 책이 잘 안 팔린다는 것입니다. 그때 당시 기독교 출판에서 《긍정의 힘》이라는 제목의 책이 잘 팔리던 분위기였습니다. 복음을 복음이라 말하지 못하는 것이 지금 세계 교회의 현실입니다. 하나님께서 '나는 죽고 예수로 사는 사람'을 얼마나 기뻐하시는지 깨닫지 못하기 때문입니다.

그러나 저에게는 그보다 더 놀라운 축복도, 그보다 더 놀라운 능력도 없었습니다. 그것이 십자가 복음이기 때문입니다.

나는 죽고 예수로 사는 것이 하나님을 기쁘시게 하는 것입니다. 하나님은 예수님 보시는 것이 정말 기쁘셨습니다. 그러니 우리가 "나는 죽고 이제 예수로 산다"라고 고백하며 살아가는 것을 하나님께서 견딜 수 없을 정도로 기뻐하시지 않겠습니까?

죽어야 산다

어릴 때는 교회 다니는 것이 예수 믿는 것이었습니다. 그러다가 중고등부 수련회에 가서 예수님의 십자가의 은혜로 죄사함받았음을 믿는 것이 진짜 예수 믿는 것임을 배웠습니다. 그때 굉장한 감격이 있었습니다. 내 모든 죄가 다 사함을 받았다는 것이 정말 큰 감격이자 믿어지지 않는 은혜였습니다.

그런데 아직 정확한 복음이 아니었습니다. 하나님께서 왜 십자가를 통하여 죄사함을 주셨을까요? 왜 예수님이 십자가에서 죽으셨습니까? 단지 우리의 죄만 사하려고 예수님이 죽으신 것이 아닙니다. 우리가 더 이상 죄의 종노릇하지 않고, 예수님의 생명으로 살면서 예수님과 동행하는 삶을 살게 하려는 것이 십자가의 목적입니다. 하나님은 우리가 예수님의 생명으로 살고, 예수님과 동행하며 사는 것을 보고 싶으셔서 독생

자를 십자가에서 죽게 하신 것입니다.

많은 그리스도인들이 예수님을 믿지만 실제 삶에서 예수님을 체험하지 못합니다. 우리 안에 오신 예수님께서 우리의 삶 속에서 왜 역사하지 않으십니까? 예수님께서 성도의 삶에 역사하지 않으시는 것이 아니라 역사하지 못하시는 것입니다. 예수님이 우리 안에 계셔도 주인이 아니고 손님이시기 때문입니다.

그러면 예수님은 왜 우리의 주인이 되지 않으시는 것입니까? 그 이유는 우리의 자아가 죽지 않고 살아 있기 때문입니다. 흔히 우리의 자아가 강하다는 말을 하는데, 자아가 강하기 때문이 아니라 살아 있기 때문에 문제입니다. 아무리 약한 자아도 주님의 역사를 가로막습니다. 정신적으로 약하고, 의지도 박약하고, 아는 것이 별로 없는 사람일지라도 주님은 그 사람 속에서 역사하지 못합니다. 옛사람이 살았느냐 죽었느냐는 것이 문제이지, 강하냐 약하냐의 문제가 아닙니다. 자아가 죽지 않으니까 주님이 아무것도 못하시는 것입니다.

그러니 나는 죽고 예수로 사는 것은 엄청난 축복입니다. 그러니 정말 고백하고 또 고백하며 살아야 합니다. 가족을 만나든, 친구를 만나든, 교우를 만나든 "나는 죽었습니다. 예수님이 내 생명이십니다"라고 고백할 때 하나님이 얼마나 기뻐하실지 상상조차 되지 않습니다.

"유기성은 죽었습니다"

저는 목회자가 되고도 좌절이 심했습니다. 능력도 없고, 신실하지도 못하기 때문입니다. 그런데 예수님의 십자가에서 내가 주님과 함께 죽었고, 예수님이 내 생명이 되셨다는 것을 정확히 알게 되었습니다. 얼마나 기뻤는지 모릅니다. 하지만 이것을 설교하기가 참 힘들었습니다. 왜냐하면 내게 확증이 없기 때문입니다. 진리는 너무 분명합니다. 우리가 예수를 믿는 것은 예수님과 함께 죽고 예수님으로 사는 것입니다. 그러면 실제로 나는 죽고 예수로 사는 분명한 확증이 있어야 하는데 그것이 저에게 없었습니다. 그런데 하나님께서 제게도 '그 날'을 주셨습니다.

　어느 날 제가 전혀 하지 않은 일을 했다는 거짓 소문이 교회 안에 퍼졌고, 교인들이 다 저를 오해하는 일이 생겼습니다. 너무 속이 상하지만 해명할 수도 없었습니다. 제가 해명을 하면 누군가 그 소문을 냈다는 사실이 드러날 것이고, 그런 소문을 퍼트린 사람들도 드러날 것입니다. 그러면 제가 어떻게 용서와 사랑을 설교할 수 있겠습니까? 그러니 해명도 못하고,

그렇다고 아무렇지 않게 지낼 수도 없으니 진짜 죽을 것만 같았습니다.

그때 "나는 이미 죽었다"는 말씀을 붙잡아야 한다는 것을 깨달았습니다. 저는 기도하면서 하나님 앞에 처음으로, "나는 죽었습니다"라는 고백을 했습니다. "하나님, 저는 죽었습니다. 유기성은 죽었습니다." 한 10번쯤 했을 때 정말 놀랍게도 나에게 죽음이 임하는 체험을 했습니다. '죽으면 이렇게 편안한 것인가!', 두려움도, 염려도, 걱정도, 미움, 원망, 욕심, 조바심도 다 사라졌습니다. 오해, 비난 때문에 속상한 것, 억울한 마음이 다 없어졌습니다. 마음이 정말 편안해졌습니다.

이제 무엇을 구해야 하나, 생각하다가 하나님께 "주님의 마음을 주십시오" 하였는데 통곡이 나왔습니다. 이유를 알 수 없는 애통함이 복받쳤습니다. 마음은 더 이상 울 일이 없을 정도로 편안했는데 '내가 왜 이렇게 우나?' 생각하다가 제가 주님의 마음을 구했음을 깨달았고, 그때 주님의 마음이 '애통함' 그 자체임을 처음 알았습니다. 거짓 소문 하나에 목회 못하겠다고 탄식하는 목사를 보며, 또 교회 안에 거짓 소문을 만들고 또 그것을 퍼트리는 현실을 보시는 주님의 마음이 슬픔임을 깊이 경험했습니다.

그 후 다시 한번 나 자신에 대하여 사망 선고를 해야 한다고 생각했습니다. 죽었다고 고백하고 죽음을 선포하니 정말 나의 죽음이 현실로 다가왔습니다. "내가 예수님과 함께 죽었다. 이제 예수님이 내 생명이시다. 나를 예수님께 완전히 드렸다. 이제부터는 예수님이 나를 통해서 하고 싶은 일을 하신다." 얼마나 편안한지 모릅니다. "나는 이미 죽었구나!"

앞장서신 주님만 따라가라

사실 목회하면서 받는 스트레스가 큽니다. 어려운 교우들의 사정이 한둘이 아니고, 교회도 문제의 연속이고, 골치 아프고, 때로는 두렵고, 도망가고 싶을 때도 있습니다. 그런데 죽었음을 받아들이니까 정말 편안했습니다. 목회하면서 지고 있던 교회 걱정이 다 사라지고 제 안에 역사하시는 예수님의 생명으로 너무나 감사하고 즐거웠습니다.

그리고 그동안 제가 예수님보다 목회를 더 중요하게 여기며 살았다는 것을 깨달았습니다. 예수님은 내 목회를 잘하게 해주시는 분이고, 설교도 잘하게 해주시고, 교회도 빨리 부흥시켜주시는 분으로 생각하고 살았던 것입니다. 예수님이 목적이 아니라 목회가 목적이었습니다. 그런데 그 날 이후 제 생각이 뒤집혔습니다.

복음은 교인들에게 가르치고 훈련시켜야 할 것이 아니라 내가 누리고 살아야 하는 것이었습니다. 목회도 주님이 하시고 나는 주님을 따라가는 것임을 알았습니다. 너무나 감사해서 울었습니다. 비로소 질서가 제대로 잡혔습니다. 예수님이 내 모든 것의 중심입니다. 예수님이 하시니까 제가 목회도 하는 것입니다. 주님이 하시는 것만 따라가면 되니까 정말 편안합니다. 그렇게 십자가에서 죽고 예수님과 다시 사는 것을 실제로 깨닫고 누릴 수 있었습니다.

여러분, 만일 어떤 일을 하는데 예수님이 그 일에 조장이시고, 여러분은 따라가기만 한다면 얼마나 편하겠습니까? 담임목사인 저를 바라보며 따라오는 교인들의 마음은 갈등도 고민도 많겠지만, 예수님이 담임목사라면 교인들의 마음이 얼마나 편하겠습니까? 정말 그만큼 행복한 교인도 없을 것입니다. 저도 마찬가지입니다. 목사에게도 주님만 따라가는 것이 구원과 같은 것입니다.

그 후로 무슨 문제가 생기거나, 어떤 유혹이 오거나, 시련이 오면 저는 "나는 죽었습니다" 하고 고백했습니다. 그러면 어떤 문제, 스트레스, 답답한 일, 억울한 것, 속상한 것이 없어졌습니다. 주님이 앞장서 가시고 저는 주님을 따라가기만 하면 된다는 생각으로 모든 문제를 다 이겨냈습니다. 그리고 하나님께서 이렇게 하는 것을 기뻐하신다는 것이 믿어졌습니다. 저를 통해 주님이 역사하시는 것을 보시는 하나님의 기쁨이 저에게 부어졌습니다.

여러분, 정말 중요한 진리를 꼭 붙잡으셔야 합니다. 여러분이 예수님을 영접하는 것, 예수님을 모시고 사는 것이 하나님을 가장 기쁘시게 해드리는 것입니다. 그 믿음으로 살기 위하여 '나는 죽고 예수로 사는' 것입니다. 이제 나는 예수님과 함께 십자가에서 죽었고, 예수님이 나의 주인이 되십니다.

가족 문제 역시 주님이 역사하실 수 있도록 해드리면 됩니다. 여러분의 생각과 계획을 다 십자가에 못 박고 예수님의 도구로 쓰임 받으면 됩니다. 여러분의 남편이나 아내에게, 부모님이나 자녀에게 오늘부터 '예수님의 도구'가 되는 것입니다. 주님이 말하게 하는 대로 말하고, 주님이 행동하게 하는 대로 행동하고, 걱정과 염려는 주님께 다 맡기는 것입니다. 그러면 하나님이 너무너무 기뻐하십니다. 그냥 주님만 따라가는 것입니다. 이보다 더 하나님을 기쁘시게 할 수 있는 일은 없을 것입니다.

주님을 기쁘시게 하는 기도

1 예수님이 제 안에 거하시는 것을 확신하며 항상 예수님을 생각하며 살게 하소서.

2 언제나 "나는 죽고 예수로 산다"고 담대히 고백하며 살게 하소서.

3 예수님을 기뻐하시는 하나님의 기쁨이 제 마음에도 충만하게 하소서.

03

하나님께서
하나님 믿는 자를 기뻐하신다

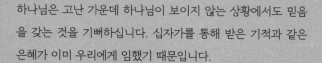

하나님은 고난 가운데 하나님이 보이지 않는 상황에서도 믿음을 갖는 것을 기뻐하십니다. 십자가를 통해 받은 기적과 같은 은혜가 이미 우리에게 임했기 때문입니다.

언제나 "힘들었다", "어려웠다" 하던 때가 영적으로 대단히 중요한 의미가 있는 때였습니다. 돌아보면 힘들고 어려웠던 시절이 많았지만 코로나19처럼 온 나라, 모든 사람들이 동시에 어려움을 겪었던 일은 흔하지 않았습니다. 그래서 하나님께서 코로나19를 통해 우리나라뿐 아니라 전 세계에 대단히 중요한 영적인 사건을 일으키려는 계획이 있으실 것이라 믿어지는 것입니다. 온 세상뿐 아니라 개인적으로도 틀림없이 영적으로 대단히 유익한 기간이 될 것입니다. 그러니까 여러분, 여러모로 답답하고 힘들지만 오직 하나님께서 기뻐하실 일만 합시다.

문제는 하나님이 무엇을 기뻐하시는지 잘 모르겠다는 것입니다. 그러나 고민할 필요가 없습니다. 성경이 하나님께서 기뻐하시는 일이 무엇인지 너무나 분명히 말씀하고 있기 때문입니다. 히브리서 11장에서도 아주 명확하게 말씀합니다. 바로 우리가 하나님을 믿는 것입니다. 하나님께서는 하나님을 정말 믿는 사람을 기뻐하십니다. 결국 어떻게 살아야 하는지 너무 명확하고 쉬워졌습니다. 우리가 하나님을 믿기만 하면 됩니다.

> 믿음이 없이는 하나님을 기쁘시게 하지 못하나니 하나님께 나아가는 자는 반드시 그가 계신 것과 또한 그가 자기를 찾는 자들에게 상 주시는 이심을 믿어야 할지니라 히 11:6

우리 눈에도 반드시 보이는 믿음

그런데 믿음이 그리 간단한 문제는 아닙니다. 이 말은 하나님을 믿는다고 하면서도 실제로 그 생각이나 말과 행동이 하나님이 계신 것을 전혀 믿지 않는 사람처럼 사는 그리스도인들이 너무 많다는 것입니다. 마가복음 2장에 보면 예수님께서 가버나움 어느 집에 들어가서 말씀을 전하실 때 많은 사람들이 모였습니다. 그때 어떤 사람들이 지붕 위에 올라가 지붕을 뜯고 중풍병자를 들것에 실어 예수님 앞에 달아 내리는 일이 있었습니다. 성경에서 그 일을 표현하기를 예수님께서 그들의 믿음을 보셨다고 했습니다. 그리고 그 중풍병자에게 "작은 자야 네 죄사함을 받았느니라"(막 2:5) 하시며 그 병자를 고치셨다고 했습니다.

그러니까 우리가 하나님을 믿는지 안 믿는지는 눈에 보인다는 것입니다. 믿음은 전적으로 마음에 일어나는 일로 어떤 사람이 믿는지 안 믿는지 알 수 없는 일입니다. 그러나 하나님이 기뻐하시는 믿음은 마음으로만 믿을 수가 없습니다. 정말 하나님을 믿으면 눈으로도 반드시 보입니다. 그 믿음이 하나님께도 보이고 사람들에게도 보이게 되어 있습니다. 이처럼 우리가 마음으로만 믿는 것은 아닙니다. 우리의 얼굴, 말이나 행동에 믿음이 드러납니다. 그래서 우리의 말이나 행동으로 하나님을 기쁘시게 할 수도 있고, 우리의 말이나 행동 때문에 하나님께서 너무나 안타까워하실 수도 있는 것입니다.

어느 목사님은 아침 기도회 때, 함께 일하는 목사님, 심방 전도사님들의 표정을 유심히 살펴보고 표정이 안 좋으면 오늘은 그냥 퇴근하라고 하신답니다. 밝은 표정으로 성도의 가정을 방문하여 위로해도 위로가 될까 말까 한데 찡그린 얼굴, 침울한 표정으로 가면 성도들에게 은혜가 되겠느냐는 것입니다. 이 목사님의 경우는 지나치다고 할 수도 있겠습니다만 우리가 정말 하나님을 믿는지는 우리의 표정에 드러나게 마련입니다. 참 숨기기가 어려운 것이 우리의 믿음입니다. 말로는 하나님을 믿는다고 하면서도 분위기는 전혀 하나님을 믿지 않는 사람 같지는 않은지 우리 자신을 돌아보아야 할 것입니다.

저에게 딸이 둘 있는데, 어릴 때 자매끼리 싸운 적이 있었습니다. 딸들을 억지로 화해시키고 "싸우면 안 된다. 서로 사랑한다고 고백하라"고 했더니 둘째가 언니한테 "언니, 나 사랑해?"라고 물었습니다. 그러니까 언니가 "응"이라고 퉁명스럽게 대답했습니다. 그랬더니 둘째가 "거봐, 사랑하지 않는다고 하잖아"라고 하는 것입니다. 언니는 분명히 "응"이라고 대답했지만 동생은 사랑하지 않는다고 들은 것입니다. 사랑한다면 이런 분위기가 아니라는 것입니다. 그렇습니다. 우리가 정말 하나님을 믿는다면 우리의 말이나 행동이나 분위기가 믿는 사람다울 수밖에 없습니다.

하나님을 기쁘시게 하는 자라는 증거

믿음으로 에녹은 죽음을 보지 않고 옮겨졌으니 하나님이 그를 옮기심으로 다시 보이지 아니하였느니라 그는 옮겨지기 전에 하나님을 기쁘시게 하는 자라 하는 증거를 받았느니라 히 11:5

하나님께서는 에녹을 죽음을 거치지 않고 바로 천국으로 데려가셨습니다. 그러니까 '하나님을 기쁘시게 하는 자'에게는 증거가 있다는 것입니다. 그것이 '믿음'입니다.

그러나 우리가 실제로는 하나님을 믿지 못하면서 말로만 하나님을 믿는다고 할 수 있습니다. 이러한 자신의 실상을 보지 못할 때가 많습니다. 그러나 하나님은 아십니다. 예수님께서 제자들에게 어찌 믿음이 없느냐고 탄식하신 것이 몇 번입니까. 믿음 없는 말, 믿음 없는 행동이 얼마나 하나님의 마음을 아프게 하는지 알아야 합니다. 따라서 우리 자신의 말과 행동에 하나님을 믿는 증거가 있는지 점검해야 합니다.

김동호 목사님께서 코스타에서 정말 하나님을 믿고 살려면 하나님 외에 의지하는 줄을 다 끊으라고 설교하신 적이 있었습니다. 어느 날 존경하고 의지하던 목사님이 설교 중에 쓰러지셨다는 소식을 듣고 하나님께 다급하게 기도했습니다. '하나님, 그 목사님은 돌아가시면 안 됩니다.' 거기까지는 문제가 없었습니다. 그다음이 문제였습니다. '앞으로 10년은 더 살아 계셔야 합니다.' 그 순간 자신이 하나님보다 그 목사님을 더 의지하고 목회하고 있다는 사실을 깨달았다는 것입니다.

'내가 지금 하나님을 믿는 거야? 그 목사님을 믿는 거야?'

그래서 기도를 바꾸어서 기도했다고 합니다. "하나님, 잘못했습니다. 너무너무 죄송합니다. 제가 하나님보다 그 목사님을 더 의지하며 살고 있었습니다. 오늘 제가 그 줄을 끊겠습니다. 앞으로는 하나님만 붙잡겠습니다. 하나님만 믿고 목회하겠습니다." 많은 그리스도인들이 하나님을 믿는다고 하면서도 사람 의지하는 줄을 붙잡고 있습니다. 진짜 하나님을 믿는 사람을 찾기가 어렵습니다.

느낌에 의존하는 믿음인가?

하나님께서 기뻐하시는 믿음은 보지 않고 믿는 믿음입니다.

> 믿음은 바라는 것들의 실상이요 보이지 않는 것들의 증거니 선진들이 이로써 증거를 얻었느니라 히 11:1-2

우리 믿음의 선조들은 보이지 않는 것의 증거인 믿음을 가졌습니다. 이것은 참 어려운 일입니다. 우리는 때때로 하나님이 함께하신다는 느낌이 들 때가 있습니다. 하지만 하나님이 함께하신다는 것이 믿어지지 않는 때가 훨씬 많습니다. 우리가 이처럼 느낌에 의존하는 믿음을 가지고 있기 때문에 영적으로 계속 흔들리고 진짜 믿음의 역사를 경험하지 못하는 것입니다.

야곱이 이삭을 속이고 에서의 장자권을 가로챘습니다. 그리고 더 이상 집에 있을 수 없어 도망치다가 벧엘이라는 들판에서 노숙하게 됩니다. 그 순간 얼마나 서글프고 두려웠겠습니까? 그런데 거기서 하늘 문이 열리고 사다리가 하늘에 닿고 천사들이 그 위에서 오르락내리락하는 놀라운 광경을 보게 됩니다.

> 야곱이 잠이 깨어 이르되 여호와께서 과연 여기 계시거늘 내가 알지 못하였도다 창 28:16

야곱은 그 자리에 제단을 쌓고 이렇게 고백했습니다. 야곱이 그 체험을 하기 전까지 하나님은 멀리 떨어져 계신다고 느꼈는데, 알고 보니 자기와 늘 함께하셨음을 깨달은 것입니다. 이처럼 느낌은 믿을 것이 못 됩니다. '하나님이 안 계신 거 같아', '하나님은 나를 모르실 거 같아' 이런 느낌에 속지 말아야 합니다. 느낌에 의존해서 하나님을 믿으면 다 무너지게 됩니다.

아람 군대가 엘리사를 죽이려고 밤새도록 도단 성을 포위

했습니다. 엘리사의 종이 일찍 일어나 아람 군대를 보고 엘리사에게 달려와 "우리가 어찌하리이까?" 하고 외쳤습니다. 그때 엘리사가 이렇게 말합니다.

대답하되 두려워하지 말라 우리와 함께한 자가 그들과 함께한 자보다 많으니라 하고 왕하 6:16

엘리사도 실제로 보지 못하였지만 믿음으로 하나님의 천사들이 불말과 불병거로 자기를 보호하고 있다는 사실을 분명히 믿었습니다. 그러니까 육신의 눈으로 보지 못했지만, 아람 군대를 두려워할 이유가 없었던 것입니다. 그러나 엘리사의 종의 믿음은 눈으로 보는 대로 판단하는 믿음이었습니다. 눈으로 보고 계산이 되는 것도 믿을 것이 못 됩니다. 영적인 차원이 전혀 고려되지 않았기 때문입니다. 천사들이 둘러 에워싸고 있는데도 자신은 혼자라고 생각할 수 있는 것입니다.

보이지 않는 것을 볼 수 있는 눈이 뜨이는 것이 믿음입니다. 우리는 보이지 않는 하나님을 믿습니다. 눈에 보이지 않는 하나님을 믿는다고 하면서도 전혀 믿음 없는 생각과 말과 행동을 하는 것이 문제입니다. 어려운 일이 생기고, 문제가 생기면 영락없이 마음이 요동칩니다. 이래서는 하나님을 기쁘시게 할 수가 없습니다. 하나님을 기쁘시게 할 수 있는 길은 진짜 하나님을 믿는 것입니다. 우리는 보지 못하지만 하나님이 정말 살아 계시고, 나와 함께 계시고, 나를 사랑하시고, 하나님을 찾는 자들에게 상 주시는 이심을 믿어야 합니다.

막연하게 믿을 수 없는 이유

우리는 막연하게 하나님을 믿어서는 안 됩니다. 증거가 너무 분명하기 때문입니다. 우리 안에 은혜를 사모하는 마음이 있는 것 자체가 엄청난 증거입니다. 우리 주위에 많은 사람들이 있지만 모든 사람이 하나님의 은혜를 사모하는 것은 아닙니다. 왜 우리에게는 은혜를 사모하는 마음이 있는 것일까요? 하나님의 역사가 일어나기를 갈망하고, 기도하고 싶은 마음이 있고, 나를 향한 하나님의 놀라운 계획이 있다는 사실이 믿어지고, 사모함으로 집회와 예배에 참여하게 되는 일들이 다 우리 안에 성령께서 역사하신다는 부인할 수 없는 증거입니다. 우리는 자신 안에 성령께서 역사하심을 얼마든지 알 수 있습니다. 결코 막연하게 믿을 이유가 없습니다.

　허드슨 테일러가 중국 선교사로 가라는 성령의 강권하심으로 중국 선교사로 자원했습니다. 하지만 그 당시에 그를 중국으로 파송해줄 선교단체가 없었습니다. 그런데 기도하다가 하나님만 믿으면 된다는 답을 얻고 중국으로 떠났습니다. 중국에 가면 그가 만날 사람이 있고, 가야 할 곳이 있고, 하나님께서 친히 그를 먹이고 입히시리라는 확신이 생긴 것입니다.

당시 중국 선교사들은 대부분 상해를 중심으로 해안가에 있는 큰 도시에 살고 있었습니다. 왜냐하면 거기 있어야 영국이나 미국에서 오는 선교비를 받을 수 있기 때문입니다. 중국 내지에 들어가 복음을 전하는 일은 너무 어려웠습니다. 그러나 허드슨 테일러 선교사는 오직 하나님의 공급하심에 의지하였기 때문에 중국 내지로 들어가 선교할 수 있었습니다.

그 후 중국 공산당 정권이 들어서면서 서구 교회의 선교 지원이 끊기고 선교사들이 다 추방되었을 때에도 허드슨 테일러 선교사의 내지선교회를 통하여 세워진 교회들은 끄떡없었습니다. 하나님께서는 하나님을 진짜 믿은 허드슨 테일러 선교사를 통하여 공산당 치하에서도 살아남을 수 있는 중국 가정교회의 믿음의 기초를 마련하신 것입니다.

예수동행운동을 기뻐하시는 하나님

하나님은 진짜 살아 계시고, 하나님께 나아가는 자에게 반드시 상을 주신다는 사실을 믿어야 하는데, 우리는 자꾸 잊어버립니다. 예수님께서 살아계실 뿐 아니라 우리 안에 거하시는데도 예수님을 생각하지 못하고 지낼 때가 많았습니다. 그래서 우리가 예수님이 안 계신 것처럼 말하고 행동하고 사는 것입니다. 이것이 한국 교회의 문제였고 코로나19로 교회에 모이지 못하게 되자 그 민낯이 다 드러나버렸습니다. 마치 예수님이 함께하심을 믿지 않는 사람처럼 우왕좌왕했던 것입니다. 예배당에 모일 수 없는 상황이 되었지만 예수님께서 여전히 함께하신다면 문제될 것이 없어야 정상입니다. 그러나 예수님이 마음에 계신 것을 실제로는 믿지 않았던 것입니다.

하나님께서 예전부터 이 문제에 대하여 강하게 도전해주셨습니다. 그래서 기회가 있을 때마다 "우리가 교회에 모일 수 없는 상황이 벌어질 수 있으니 그때 함께하시는 예수를 믿을 수 있도록 지금부터 주님을 바라보는 훈련을 해야 합니다"라고 말했습니다. 그래서 항상 주님을 바라보고 매일 예수님과 동행하는 삶을 일기로 써보라고 한 것입니다. 저는 지난 13년 동안 하나님께서 예수동행운동을 정말 기뻐하신다는 것을 너무나 분명히 깨달았습니다.

제가 예수동행일기를 쓰면서 주님과 동행하는 일을 시작하게 된 것은 2009년에 한 달간 안식월을 보내는 고민 때문이었습니다. 여러 번의 수술 이후 건강 회복을 위해 교회에서 허락받은 안식월을 어떻게 하면 잘 보낼지 지혜가 떠오르지 않아 마음을 잡지 못하고 있었습니다. '이것을 해야 하나, 저것을 해야 하나, 헛되이 보내면 어떻게 하나, 한 달간 쉰다고 뭐가 달라질까?' 계속 이런 생각이 들었습니다.

그때 제가 달라스 윌라드의 《하나님의 모략》(복있는사람)을 읽고 있었는데 그중에 '작은 결정권까지 하나님을 의존하라'는 구절이 눈에 들어왔습니다. "하나님은 우리의 작은 결정권까지 하나님께 맡기고 충실한 사람을 찾으신다. 그 사람이 임마누엘 하시는 예수님을 바라보는 사람이다." 이 부분을 읽고 제가 안식월을 어떻게 보내야 하는지 고민만 하고 정작 하나님께 지혜를 구하지 않았다는 것을 깨달았습니다. 그래서 하나님께 나아가 기도하기 시작했습니다. "하나님, 제가 한 달간 안식월을 가지게 되는데, 이 안식월을 어떻게 보내야 합니까?" 이후 우연의 일치인지 하나님의 인도하심을 확증하는 일들이 계속 이어졌습니다.

주님이 하는 일을 나도 하고 주님이 가는 곳에 나도 가고!
기도 중에 맥스 루케이도의 《예수님처럼》(Just Like Jesus)이라는 책을 읽었는데 거기에 이런 내용이 나옵니다. 회사 영업사원의 예를 들면서 "하나님을 위해 일하기를 그만두고 하나님과 함께 일하기를 시작하라"는 것입니다. 좀 더 자세히 설명하면 이런 내용입니다. 영업사원은 아침에 출근해서 사장님과 회의하고, 어떻게 영업할지 회사 방침과 전략도 듣고, 현장으로 나갑니다. 사장님과는 휴대폰과 이메일로 소통합니다. 무슨 일이 있으면 보고도 하고 지시도 받습니다. 그렇게 하루 종일 나가서 영업하고 퇴근하기 전 사무실로 돌아와 그날 업무를 보고하고 퇴근하는 것이 일반 영업사원의 형태입니다.

그런데 대부분 그리스도인들이 그렇게 한다는 것입니다. "하나님, 오늘 하루도 저를 지켜주세요. 오늘 이런저런 일이 있습니다. 하나님, 도와주세요" 이렇게 새벽에 기도하고 하루 종일 나가서 열심히 일을 합니다. 그리고 저녁에, "하나님, 오늘 하루는 이렇습니다" 이렇게 기도하는 것이 마치 일반 영업사원과 사장님의 관계와 비슷한 패턴이라는 것입니다. 하지만 그래서는 안 된다는 것입니다. 하나님과 함께 일해야 합니다. 하나님은 아침 회의 때 잠깐 만나고, 저녁 결산할 때 잠깐 만나는 그런 분이 아닙니다. 누구를 만나든, 어느 거래처를 찾아가든 모든 현장에 하나님과 함께 가는 것입니다. 휴대폰으로 연락이 닿는 분이 이니라 항상 동행하는 분입니다. 우리가 예수님을 믿는다는 것은 이와 같습니다. 무슨 일이든지 예수님과 함께하고 예수님과 함께 사는 것이지, 결코 예수님을 사장님처럼 대하면 안 된다는 것입니다.

이 과정을 통하여 제가 안식월을 어떻게 보내야 하는지 명확해졌습니다. 한 달 동안 어떤 책을 읽고, 무슨 성경을 연구하고, 몇 편의 설교를 준비하고, 몇 시간을 기도하느냐 하는 것은 하나님께서 제게 원하시는 것이 아니었습니다. 하나님께서 원하시는 것은 제가 한 달 동안 온전히 예수님과 동행하는 것임을 깨달았습니다. 주님이 하고 계신 일을 나도 하는 것이고, 주님이 가시는 곳에 나도 가는 것입니다. 주님이 아무 말씀도 안 하시면 저도 가만히 있으면 되는 것입니다. 제가 안식월 한 달간 어떻게 지내야 하는지 너무 명확해졌습니다.

프랭크 루박, 그렇게 살아본 사람

그러나 아무것도 하지 않고 예수님만 바라본다는 것이 너무 막연하게 생각되었습니다. 그때 달라스 윌라드의 책에서 프랭크 루박 선교사에 대하여 알게 되었습니다. 프랭크 루박 선교사가 그렇게 살아본 사람이라는 것입니다. 이분이 마흔다섯 살이 되던 1930년에 저와 비슷한 고민을 하셨습니다.

'하나님과 친밀한 교제를 24시간 유지할 수 있을까? 깨어 있는 동안 하루종일 그렇게 살다가 잠들 때 그분의 품 안에 잠들고, 다시 그분의 임재 안에서 깰 수 있을까? 항상 그분의 뜻을 행할 수 있을까? 항상 그분의 생각으로 생각할 수 있을까? 내 남은 인생을 이 질문의 답을 찾는 실험으로 삼으리라! 앞으로 늘 하나님과 동행하며 살리라.' 프랭크 루박 선교사는 매일 일기를 쓰면서 계속 하나님을 생각하는 삶을 살아보겠다고 결단하였습니다. 저는 프랭크 루박 선교사의 그 일기를 구하여 읽어보고 싶은 마음이 들었습니다.

수소문 끝에 그의 일기가 《프랭크 루박의 편지》(생명의말씀사)라는 제목의 책으로 나와 있다는 것을 알고, 그 책을 구입했고 1930년 1월 일기부터 그분의 6개월간의 일기를 읽어볼 수 있었습니다. 그 책을 읽어보니까 1월 일기의 내용이 다르고, 2월 일기의 내용이 다르고, 3월, 4월, 5월 일기의 내용이 달라지다가 6개월이 지났을 때 프랭크 루박 선교사가 주님과 함께하는 놀라운 기쁨을 고백하고 있는 것을 발견했습니다. 저는 그 일기를 읽으며 예수님이 자기 안에 거하시는 것이 진짜 믿어지고 체험되면 예수님과 동행하는 삶이 살아진다는 것을 깨닫고 정말 놀라웠습니다.

프랭크 루박 선교사가 비록 필리핀 오지의 평범한 선교사였지만 신학교를 설립했고, 원주민들 속에서 사역하며 가난한 이들을 섬겼으며, 문맹퇴치를 위해 전 세계를 누볐으며, 세계 제2차대전 전후 미국의 외교정책에 자문 역할까지 할 수 있는 사람이 된 것은 그가 항상 주님을 바라보며 살았기 때문에 가능했던 것입니다.

그래서 저도 한 달간 그렇게 살아보기로 결심하였습니다. 2009년 안식월 동안 제가 하려던 모든 계획들을 다 내려놓고, 오직 주님만 바라보며 한 달을 살았습니다. 제 아내와 함께, 아침에 일어나서 '주님, 오늘 하루는 뭐할까요?' 기도하고 할 일이 없으면 다시 '주님, 지금 시간에 뭐할까요?', '주님, 무엇하기를 기뻐하세요?' 물었습니다. 주일이 되면 '주님, 오늘은 어느 교회를 가야 하나요?' 이렇게 물으며 매일 저녁 일기를 쓰면서 한 달을 지냈습니다.

그렇게 한 달을 지내고 교회로 돌아왔을 때 제 안에 변화가 깨달아졌습니다. '주님이 내 안에 거하신다'는 것이 믿어지는 것입니다. 믿으려고 애를 쓰는 것과 믿어지는 것은 엄청난 차이입니다. 예수님의 함께하심이 계속 믿어지니 제 말과 행동이 달라지기 시작했습니다. 물론 그 전에도 예수님이 함께하신다고 믿었지만 대부분의 시간에 잊고 살았다면, 한 달간 매일 일기를 쓰면서 아침부터 저녁까지 주님을 바라보고, 주님이 뭐라고 하시는지 귀를 기울이며 지내다보니 주님이 계속 생각나는 것입니다.

저만 그런지 아닌지 확인해보기 위하여 남자 성도들과 예수동행일기를 함께 쓰는 모임도 해보았습니다. 목요일 아침에 모여서 한 주간 쓴 일기를 서로 나누었습니다. 그런데 부흥회를 한 것도 아니고 특별한 성경공부를 한 것도 아닌데 삶이 달라지기 시작했습니다. 그때 받은 놀라운 충격으로 교우들에게 일기를 쓰도록, 그래서 주님을 바라보도록 해야겠다는 마음이 들었고, 그렇게 예수동행일기를 쓰며 주님과 동행하는 예수동행운동이 시작된 것입니다.

보이지 않아도 보는 것처럼 믿는 믿음

하나님께서 예수동행운동을 엄청나게 확산시키고 계신 것을 봅니다. 주님이 우리 안에 계신 것을 믿고, 그래서 항상 주님을 바라보고 주님께 나아가면 반드시 주님께서 상 주신다는 것을 믿는 것, 그것을 하나님께서 얼마나 기뻐하시는지 모릅니다.

여러분, 믿음은 한순간의 엄청난 영적 체험을 통하여 생길 수도 있습니다. 정말 놀라운 체험을 했는데 안 믿을 수가 있겠습니까? 그런데 하나님께서 기뻐하시는 믿음은 체험에 의존한 믿음이 아닙니다. 하나님이 기뻐하시는 믿음은 도무지 믿을 수 없는데 믿는 것입니다. 고난 중에서 믿음으로 감사하는 것, 보이지 않는 하나님의 함께 계심을 확신하는 믿음은 꾸준히 주님을 바라보는 삶을 통하여 생깁니다.

그래서 예수동행일기를 쓰면서 주님을 계속 바라보자고 그렇게 권하는 것입니다. 어떤 역사가 일어난 것을 본 다음에 믿는 것은 누구나 할 수 있습니다. 그러나 어떤 일이 일어나기 전에 믿어지는 믿음은 체험을 통해서 믿는 믿음으로는 불가능합니다. 체험을 통해 믿는 믿음은 계속해서 눈에 보여야 믿고 보이지 않으면 안 믿는 것입니다. 우리에게 진짜 필요한 믿음, 하나님이 정말 기뻐하시는 믿음은 하나님의 역사가 이루어지기 전에, 보이지 않는데도 보는 것처럼 믿는 믿음입니다.

우리에게 가장 큰 은혜는 이미 일어났고, 가장 큰 기적 또한 이미 체험했습니다. 그것은 '십자가'입니다. 지옥에 갈 우리가 하나님의 자녀가 되었습니다. 하나님께서 나를 사랑하십니다. 하나님이 우리에게 주실 가장 놀라운 복을 우리는 이미 받았습니다. 그러니 무슨 복과 능력을 더 구하겠습니까? 하나님께서 이미 주신 은혜를 굳게 믿으시기 바랍니다. 십자가의 은혜 안에서 하나님은 절대로 나를 버리실 리 없다는 사실

하나만 분명히 믿으면 나머지 믿음은 저절로 뒤따라옵니다.

믿음은 계속 성장한다

믿음이 작다고 낙심하지 마시기 바랍니다. 겨자씨 비유처럼 생명 있는 믿음은 정말 놀랍게 자랍니다. 여러분이 할 일은 용서하라 그러시면 용서하고, 사랑하라 그러시면 사랑하고, 감사하라 그러시면 감사하고, 주라 그러시면 주고, 주님이 여러분의 마음에 역사하는 대로 한 걸음씩 순종만 하는 것입니다. 그러면 어느 순간에 엄청난 믿음의 사람으로 서게 됩니다.

어느 선교사님의 딸이 어릴 때 교인들이 아파서 기도해달라고 목사님을 찾아오면 "아유, 걱정하지 마세요, 하나님께 기도하고 조금만 기다리면 다 나아요"라고 말해서 기도 받으러 온 어른들은 민망해하고 사모님은 쩔쩔맸다고 합니다. 그러나 아이가 그렇게 말한 것은 하나님께 기도하고 조금만 기다리면 병이 낫는 것을 그 아이가 늘 보았기 때문입니다. 하나님께서 그 모습을 보고 얼마나 기쁘셨겠습니까?

여러분, 믿음은 계속 성장합니다. 믿음의 역사를 보려면 믿음이 작아도 꾸준히 말씀에 순종하는 일이 필요합니다. 정말 꾸준함이 필요합니다. 저희 교회가 무리한 건축 후 건축비 상

환 문제로 말할 수 없는 어려움을 겪었습니다. 그런데 그 어려운 과정을 지나면서 저도 그랬지만 우리 교회 장로님들을 비롯한 교인들의 믿음이 엄청나게 커졌습니다.

한번은 부흥회를 인도하러 간 교회가 건축 문제로 큰 시험에 빠져 있었습니다. 교인들의 마음이 하나 되지 못한 상태에서 예배당 건축을 진행하느라 많은 부채가 생겨 장로님들 사이에 갈등이 생겼습니다. 그런데 담임목사가 인도하는 부흥회에 응원하는 마음으로 참석한 우리 교회 장로님들이 그 교회 장로님들과 함께 식사를 하게 되었습니다. 식사하면서 우리 교회 장로님들이 그 교회 장로님들에게 "예배당 뒷산이 있던데 지금 사야 해요. 나중에 후회하지 말고 빨리 사세요"라고 말씀하셔서 제가 무척 당황했습니다. 교회가 지금 예배당 건축비 문제로 시험에 들어 있는데 뒷산을 빨리 사라니, 불난 집에 기름을 붓는 격이 아니겠습니까?

그러나 그런 모습을 보면서 우리 교회 장로님들의 믿음이 다른 교회 장로님들과 분명히 다르다는 것 하나만큼은 분명해 보였습니다. 문제가 아무리 크더라도 계속해서 믿음으로 반응하며 살면 자기도 모르게 믿음이 엄청나게 커져 있음을 깨닫게 됩니다.

여러분도 어려운 문제를 만나게 될 때, 두려워하는 마음을 내려놓아야 합니다. 하나님을 믿는다고 하면서도 믿는 사람답지 않은 말을 하고 행동을 했던 것을 회개하고, 계속 주님을 바라보아야 합니다. 그때 마음에서 믿음이 일어납니다. 이렇게 계속 믿음으로 반응하여 살게 되면 어느 순간 믿음이 완전히 다른 사람이 됩니다. 어떤 어려움이 닥칠지라도, 보이지 않지만 언제나 함께하시는 주님을 믿음으로 바라보며 하나님을 기쁘시게 하기를 축복합니다.

주님을 기쁘시게 하는 기도

1 저의 믿음 없는 생각, 믿음 없는 말, 믿음 없는 행동으로 하나님의 마음을 아프게 했음을 회개합니다.

2 보이지 않지만 언제나 함께하시는 주님을 믿고 계속 주님을 바라보게 하소서.

3 어떤 상황이든지 오직 주님을 기쁘시게 하는 믿음의 생각과 믿음의 말, 믿음의 행동을 하게 하소서.

04

하나님의 이름을
위하여 기도하라

우리가 예수님의 이름을 가졌기에 세상에서 핍박과 조롱을 당하고 손해를 볼지도 모릅니다. 그러나 어떤 일이 있어도 하나님의 이름을 놓치지 마십시오.

힘든 일이 많아도 '하나님이 기뻐하시는 일이 무엇인가?' 하는 생각만 하며 사니 하루하루가 새롭고 놀랍고 기쁨이 가득한 삶을 살게 됩니다. 매 순간 하나님이 기뻐하는 일을 찾으니 고민거리도 훨씬 적어졌습니다. 어떨 때는 귀찮기도 하고 사람들이 이상하게 보지 않을까 걱정스럽기도 하지만 '하나님은 어떻게 하기를 기뻐하실까?'라는 생각만 하니 무엇을 해야 하는지 명확해집니다. 이렇게 살아보면 간증이 넘치는 삶을 살게 됩니다. 혹시 지금 매우 힘든 상황에 처한 분이 있다면 그 상황에서 '하나님이 기뻐하시는 일이 무엇일까?' 그 생각만 하고 순종한 다음 그것을 반드시 기록해보시기 바랍니다.

동독으로 간 목사

베를린 장벽이 세워지기 전, 1954년 270만 명의 동독 시민들이 자유를 찾아 서쪽으로 이동했습니다. 그런데 오히려 동쪽으로 옮겨가는 한 가정이 있었습니다. 서독 출신의 호르스트 카스너 목사님의 가정이었습니다. 목사님은 함부르크에서 안정된 삶과 목회를 하셨고, 딸이 막 태어났을 때였는데 그 어린 딸을 데리고 동쪽으로 갔습니다. 동독 지역에 집이 있는 것도, 교회가 있는 것도 아니었습니다.

목사님이 동독으로 간 이유는, 동독 지역의 많은 목회자가 서독 지역으로 이동했기 때문에 서독에는 목회자가 너무 많아졌고 동독에서는 목회자를 찾기 힘들어졌다는 소식을 접했기 때문입니다. 카스너 목사님은 동독 지역에 있는 크리스천들을 목양하기 위해 누군가는 동독으로 가야 한다는 것을 깨달았습니다. 그렇게 하는 것을 하나님께서 기뻐하신다고 믿었기 때문입니다. 어리석어 보이고 대책도 없고 위험하기까지 한 결정을 내린 것입니다. 그때 태어난 지 6주밖에 되지 않았던 딸이 바로 독일의 총리였던 앙겔라 메르켈입니다.

여러분, 하나님이 기뻐하시는 일만 하면 그 순간에는 참 어리석은 것 같고, 바보 같고, 손해 보는 일 같고, 좋은 결과를 얻지 못하는 일 같아 보입니다. 그래도 하나님이 기뻐하신다는 확신이 오면 꼭 그렇게 해보기를 바랍니다. 이래도 어렵고 저래도 어려운 난감한 상황에 몰리는 듯한 느낌이 든다면, 이제는 정말 하나님께 승부를 걸어야 할 때입니다. 말 한마디도 하나님이 기뻐하시는 말을 하고, 행동 하나 작은 결정 하나도 하나님께서 기뻐하시는 것을 하는 것입니다. 힘들다 어렵다 말하지 말고 삶 전부를 하나님께 거는 삶을 살아보시기 바랍니다.

하나님의 이름이 온 땅에 전파되도록

그런 마음으로 성경을 읽고, 성경에서는 하나님이 무엇을 기뻐하신다고 기록하였는지 살펴보다가 하나님께서 하나님의 이름을 높이는 것을 기뻐하신다는 것을 알게 되었습니다.

출애굽기에서 이해가 잘 안 되는 부분이 있습니다. 바로는 왜 장자가 죽는 열 번째 재앙이 애굽에 내릴 때에야 비로소 이스라엘 백성을 놓아주었느냐 하는 것입니다. 바로는 재앙이 내릴 때마다 이스라엘 백성을 풀어주겠다고 모세에게 약속했습니다. 그러나 재앙이 끝나면 마음이 다시 완악해졌습니다. 그렇게 아홉 번이나 반복하였습니다. 하나님께서도 처음부터 장자를 죽이는 재앙을 내리셨다면 이스라엘 백성이 간단히 풀려나지 않았을까요? 하나님께서는 왜 열 번이나 재앙을 내리고 또 내리셨을까요? 성경에 그 이유가 나옵니다.

성경이 바로에게 이르시되 내가 이 일을 위하여 너를 세웠으니 곧 너로 말미암아 내 능력을 보이고 내 이름이 온 땅에 전파되게 하려 함이라 하셨으니 롬 9:17

하나님께서 일부러 바로를 택하셨다는 것입니다. 왜 택하셨습니까? 바로의 완악한 마음 때문에 10번이나 내린 재앙을 통해 온 세상에 하나님의 이름이 높임을 받도록, 애굽을 비롯한 주변의 모든 사람에게 여호와 하나님께서 살아계신다는 것을 알리기 위해서 그렇게 하셨다는 것입니다. 그러므로 애굽의 열 가지 재앙과 홍해를 건너는 기적은 온 세상에 하나님의 존재와 그 이름을 전파시키려는 목적이었던 것입니다. 여기서 우리는 하나님께서 정말 기뻐하시는 일이 하나님의 이름이 높임을 받으시는 것임을 알 수 있습니다.

하나님의 이름을 높이는 사람

이스라엘 백성이 애굽에서 나와 금송아지를 섬겼을 때 하나님께서 진노하셨습니다. 하나님은 이스라엘 백성을 다 죽이고 모세를 통하여 새로운 민족을 일으키겠다고 말씀하셨습니다. 그러자 모세가 하나님께 결사적으로 매달립니다. "하나님, 그럴 바에는 차라리 생명책에서 제 이름을 지워버리십시오." 이 부분도 솔직히 잘 이해가 안 됩니다. 하나님께 어떻게 이런 무모하고 당돌한 말을 할 수 있었을까요? 하나님의 제안은 모세에게 굉장히 좋은 제안이었습니다. 이스라엘 백성은 모세가 보기에도 말도 안 되는 일을 저지른 자들입니다. 그런데 모세는 하나님으로부터 동족 이스라엘이 용서받도록 하기 위하여 자기목숨을 걸었습니다.

어찌하여 애굽 사람들이 이르기를 여호와가 자기의 백성을 산에서 죽이고 지면에서 진멸하려는 악한 의도로 인도해 내었다고 말하게 하시려 하나이까 주의 맹렬한 노를 그치시고 뜻을 돌이키사 주의 백성에게 이 화를 내리지 마옵소서 출 32:12

무슨 뜻입니까? 모세가 목숨을 걸면서까지 하나님께 동족을 용서해주시기를 간구하였던 것은 동족 이스라엘 백성을 위한 것도, 자기 자신을 위한 것도 아니었습니다. 이스라엘 백성이야 죄를 지어 망하는 것은 어쩔 수 없다지만, 그렇게 되면 애굽에서 그렇게 떠들썩하게 이스라엘을 구원하신 하나님에 대하여 애굽 사람들이 뭐라 말하겠느냐는 것입니다. 모세는 오직 하나님의 이름이 애굽 사람들에게 조롱받지 않도록 하기 위해 그런 것입니다.

저는 하나님께서 모세의 말을 듣고 기뻐하셨다고 믿습니다. 모세가 원하는 것은 오직 하나, 하나님의 이름이 드러나는 것입니다. 모세의 이 고백으로 하나님은 뜻을 돌이키셨습니다. 그러나 솔직히 이 간구로 인하여 이스라엘 백성들은 용서를 받게 되었지만 모세 자신은 너무 힘든 일들을 겪게 되었습니다. 급기야 바위에서 물을 낼 때 화를 참지 못하고 지팡이로 반석을 두 번 치는 바람에 가나안 땅에 들어가지 못하게 되었습니다. 그렇지만 모세가 진정 원하였던 것은 하나님의 이름이 거룩히 여김을 받는 것이었습니다.

다윗도 하나님을 기쁘시게 하는 사람이었습니다. 그가 소년이었을 때 거인 골리앗과 싸웠습니다. 사실 상대가 안 되는 싸움이었지만, 소년 다윗이 골리앗과 싸우러 나가겠다고 한 이유는 딱 하나입니다. 여호와의 이름 때문이었습니다. 골리앗이 만군의 여호와의 이름을 모욕하는 것을 도무지 참을 수 없었던 것입니다.

다윗이 블레셋 사람에게 이르되 너는 칼과 창과 단창으로 내게 나아 오거니와 나는 만군의 여호와의 이름 곧 네가 모욕하는 이스라엘 군대의 하나님의 이름으로 네게 나아가노라 삼상 17:45

하나님께서 이러한 다윗을 너무 기쁘게 여기셨습니다. 다윗이 던진 돌이 골리앗의 이마에 박혀 골리앗이 죽었지만, 사실 다윗이 물맷돌을 잘 던져서 이긴 것이 아닙니다. 하나님께서 하나님의 이름으로 나아가는 다윗을 기뻐하셔서 그 고백을 이루어주신 것입니다. 그래서 여호와의 이름이 높임을 받게 된 것입니다. 성경을 읽어보면 하나님이 진짜 기뻐하시는 것이 무엇인지 구체적으로 나옵니다.

하나님의 이름이 모욕을 받는 시대

예수님께서 가르쳐주신 주기도문에서 주목해야 할 것 중에 하나는 기도의 순서입니다. 예수님은 "하늘에 계신 우리 아버지여"라고 하신 후 제일 먼저 "이름이 거룩히 여김을 받으시오며"라고 기도하라고 가르치셨습니다. 하나님의 이름을 위하여 기도하는 것이 그만큼 중요하다는 의미입니다. 하나님에게 이것이 얼마나 중요한지를 우리가 알아야 합니다. 그러니 우리도 "하나님의 이름이 높임을 받으시기 원합니다. 하나님의 이름이 거룩히 여김을 받으시기 원합니다"라고 기도해야 합니다. 하나님의 이름이 높임을 받기 기뻐하신다는 것은 하나님의 이름이 모욕당하는 일을 하나님께서 대단히 분노하신다는 말이기도 합니다.

이 기도가 우리에게 특별히 절박한 이유는 지금 하나님의 이름이 말할 수 없이 모욕을 당하고 있기 때문입니다. 마치 지금 우리 시대를 내다보고 하신 말씀 같습니다. 지금 하나님의 이름이 어떻게 사용되는지 보면 소름이 끼칠 정도입니다. 한 번은 설교하면서 어떤 글을 인용하며 "Oh My God"이라는 표현을 한 적이 있습니다. 그런데 바로 다음 날 미국에서 메일이 왔습니다. "목사님, 'Oh My God'은 욕입니다." 아직까지 우리나라에서는 'Oh My God'을 욕으로 쓰지는 않습니다. 난감할 때, 당황스러울 때 쓰는 표현으로 생각해서 설교에 인용한 것인데, 미국에 사는 어떤 분이 듣기에 따라서는 "목사님이 설교 중에 욕하셨네"라고 들리는 것입니다. 그래서 너무 미안하다고 답장을 보냈습니다.

그렇습니다. 미국 사회에서는 그 표현이 욕이 되어버렸습니다. 하나님의 이름이 욕이 된 것입니다. 예수님의 이름도 욕처럼 사용된다니 이것이 얼마나 두려운 일입니까? 이럴 때 우리는 심각하게 생각해야 합니다. 우리가 마음으로 하나님의 이름이 높임을 받기를 갈망해야 하나님을 기쁘시게 할 수 있습니다.

나도 모르게 하나님을 욕하는 사람들

우리가 세상 사람들처럼 노골적으로 하나님의 이름을 모욕하지 않더라도, 우리의 말이나 행동이 하나님의 이름을 욕되게 할 수도 있습니다. 실제로 많은 그리스도인들이 그렇게 살고 있습니다.

대법관을 지내셨던 장로님 한 분이 이런 이야기를 하셨습니다. 동료 판사 중에 한 분이 너무 기뻐하며 사무실에 들어오길래 무슨 좋은 일이 있느냐고 묻자 자신이 담당했던 재판에 화해가 이루어져 기뻐하더라는 것입니다. 그런데 불교 신자인 그 담당 판사가 맡은 재판이 교회 분쟁 건이었습니다. 교회 분쟁은 화해가 되지 않기로 유명하다고 합니다.

그가 교회 분쟁 사건의 소송 당사자들을 불러서 말했습니다. "여러분들은 절대로 화해가 안 된다고 들었습니다. 그러니 치열하게 싸우십시오. 어쨌든 제가 한번 판단을 해보겠습니다. 그런데 한 가지 부탁이 있습니다. 당신들이 옳다고 하는 주장에 성경이나 하나님을 인용하지는 말아주십시오. 나는 불교 신자입니다만 종교를 가진 사람으로서 보기에 너무 민망합니다." 그런데 의외로 다음 재판에 만나 화해를 하더라는 것입니다. 장로님이 그 이야기를 듣고 참 부끄러운 마음이 들었다고 합니다.

실제로 우리가 이렇게 행동합니다. 우리는 자신이 하는 말과 행동이 하나님께 얼마나 아픔이 되는지를 모릅니다. 자신이 옳다는 것을 주장하려고 때로는 성경을 말하고 하나님의 이름을 부르면서 하나님을 욕되게 합니다. 그것이 하나님에게 얼마나 모욕이 되는지 모르고 말입니다.

마음 아픈 메일을 받은 적이 있습니다. "저희 어머니가 목사님의 설교를 듣고 너무너무 은혜를 받으세요. 그런 저희 어머니를 목사님께서 제발 좀 말려주세요. 지금 우리 가정 문제의 원인이 어머니가 되었어요. 누구 말도 안 들으시고 주야로 목사님 설교만 들으십니다." 저에게 이보다 더 좌절되는 말은 없을 것입니다. 제 설교에 은혜를 받으셨다면서 온 가족을 심란하게 하고 가족들 사이에 분란의 원인을 제공한다니, 마음이 아플 뿐입니다. 우리가 말씀에 은혜받고 하나님을 더 잘 믿는다고 하면서도 교인들 사이에 서로 분란이 일어난다면 하나님께서 얼마나 통탄하시겠습니까?

세상 사람들이 읽는 성경

우리는 하나님의 이름이 높임을 받으시는 일이 뭔지 알아야 합니다. 우리에게는 하나님의 이름이 새겨져 있습니다. 우리

는 성부 성자 성령의 이름으로 세례를 받습니다. 그 말은 성부
와 성자와 성령의 이름으로 도장이 찍혔다는 것입니다. 우리
의 존재에 예수님의 이름이 새겨진 사람입니다.

> 하나님의 성령을 근심하게 하지 말라 그 안에서 너희가 구원의
> 날까지 인치심을 받았느니라 엡 4:30

그래서 우리가 세상을 떠나면 우리의 이름 석 자 앞에 '성도
아무개'라고 쓰는 것입니다. 우리의 이름은 딱 하나 '성도'입니
다. 그러니 하나님의 이름이 새겨진 우리가 어떻게 사느냐, 무
슨 말을 하느냐, 어떤 행동을 하느냐에 따라 하나님의 이름이
영광을 받으시기도 하고, 모욕을 받으시기도 하는 것입니다.

이 점을 명심하셔야 합니다. 하나님의 이름을 높이는 일은
의외로 굉장히 간단합니다. 다른 사람들로 하여금 "와, 하나
님이 살아계시긴 한가봐", "저 사람들을 보니 정말 하나님은
좋은 분인 것 같아. 저 사람들이 다 예수 믿는 사람이래" 이런
말을 듣도록 사는 것입니다.

세상 사람들도 성경을 읽습니다. 그런데 그들이 보는 성경
은 기록된 성경은 아닙니다. 그들은 그리스도인의 삶을 통해
성경을 봅니다. 우리 주변에 예수 안 믿는 가족, 친척, 직장 동

료, 이웃 사람들이 있습니다. 그들 앞에서 우리가 꼭 말로 "주님의 이름을 높입니다!"라고 하지 않아도, 우리의 삶이 그 사람들로부터 주님의 이름이 높임을 받게 할 수 있습니다. 이와 반대로 우리의 삶으로 말미암아 주님의 이름이 모욕을 당할 수도 있는 것입니다.

삶으로 주님의 이름을 높인 사람들

대구에 있는 서현교회는 역사가 오래된 큰 교회입니다. 지금은 현대식 예배당으로 새로 지어졌지만 그 전에 화강석 예배당이었을 때 그 예배당 건축위원장이었던 정규만 장로님의 아들을 어느 모임에서 만나 부모님인 정규만 장로님과 김영숙 권사님에 대한 여러 일화를 들을 기회가 있었습니다. 특히 김영숙 권사님에 대한 일화가 인상 깊었습니다.

옛날 부잣집에는 집안일을 해주는 분들이 계셨습니다. 장로님 댁에도 안동댁이라는 아주머니가 있었는데, 하루는 이 아주머니가 밥을 얻어먹으러 온 걸인을 타박하는 것을 보신 권사님이 아주머니를 조용히 안방으로 불렀습니다. 그리고 "지극히 작은 자 하나에게 한 것이 곧 내게 한 것이니라"는 성경을 읽어주며 걸인이라도 예수님께 하듯이 대하시라고 권했습니다. 안동댁 역시 자신의 체면도 세워주고, 알아듣게 설명해준 권사님에게 감동과 은혜를 받아 그다음부터 걸인들에게 정말 잘했습니다. 그 후 안동댁이 걸인들을 잘 대접한다고 소문이 퍼졌습니다. 얼마 후 아내와 사별한 어느 장로님의 재혼을 주선하는 일에 많은 사람이 안동댁을 추천하여 결국 두 분이 결혼을 하였습니다.

김영숙 권사님은 시장에 장을 보러 가면 한 번도 물건값을 깎지 않았다고 합니다. 그것으로 손님을 대접하려는데, 물건값을 깎아서 되겠느냐는 것입니다. 상인이 바가지를 씌우는 것 같을 때에도 그냥 그대로 사셨습니다. 물건값을 깎으면서 전도가 되겠느냐는 것입니다. 그래서 실제로 그 시장 상인들이 많이 예수를 믿었습니다.

미국에서 공부하던 아들이 병으로 사경을 헤맬 때 권사님이 열흘 금식기도를 했다고 합니다. 그러나 아들이 그만 세상을 떠났다는 소식이 전해졌습니다. 아들이 세상을 떠난 다음 날이 주일이었는데, 주위에서 오늘은 교회에 나오지 말고 집에서 쉬시라 했지만, 권사님은 옷을 갈아입고 주일예배를 드렸다고 합니다. "그동안에 천국은 좋은 곳이라고 전도하였는데, 우리 아들이 죽어 천국에 간 좋은 날에 어찌 예배에 빠질 수 있겠습니까? 내가 주일예배를 드리지 않으면 그동안 전도한 사람들에게 어떻게 천국 소망을 가르치겠습니까?"라고 말했다는 것입니다. 한국 교회사를 보면 이처럼 삶으로 우리 주님의 이름을 높였던 분들이 많았습니다.

여러분, 우리의 행동 하나하나, 말 한마디 한마디가 하나님을 영화롭게도 하고, 성경의 진리를 드러내기도 하고, 예수 믿는 사람들은 정말 다르다는 것을 깨우쳐주기도 합니다. 그러니 하나님의 이름을 높이는 일은 우리가 정말 성경의 말씀대로 살아내는 것입니다. 우리의 목적은 부자가 되거나 성공하는 것이 아닙니다. 오직 하나님의 이름이 거룩히 여김을 받기만 갈망할 뿐입니다.

내가 두 가지 일을 주께 구하였사오니 내가 죽기 전에 내게 거절하지 마시옵소서 곧 헛된 것과 거짓말을 내게서 멀리 하옵시며 나를 가난하게도 마옵시고 부하게도 마옵시고 오직 필요한 양식으로 나를 먹이시옵소서 혹 내가 배불러서 하나님을 모른다 여호와가 누구냐 할까 하오며 혹 내가 가난하여 도둑질하고 내 하나님의 이름을 욕되게 할까 두려워함이니이다 잠 30:7-9

가난한지 부한지는 우리에게 더 이상 문제가 되지 않습니다. 너무 가난하면 하나님의 이름을 욕되게 할까봐, 너무 부하면 하나님을 잊어버릴까봐, 하나님께 나를 가난하게도 마시고 부하게도 마시도록 기도했다는 것입니다. 우리의 관심은 하나님의 이름을 욕되게 하지 않는 것입니다.

예수 이름의 권세를 사용할 수 있는 사람

성경은 예수님의 이름에 권세가 있다고 했습니다. 온 우주 가운데서 가장 높은 권위를 가진 것이 예수님의 이름이라고 했습니다. 그러므로 우리가 예수님의 이름을 거론할 때 세상에서는 이해하지 못해도 영적으로는 우리가 가장 높은 이름을 고백하고 선포하게 되는 것입니다.

> 이러므로 하나님이 그를 지극히 높여 모든 이름 위에 뛰어난 이름을 주사 하늘에 있는 자들과 땅에 있는 자들과 땅 아래에 있는 자들로 모든 무릎을 예수의 이름에 꿇게 하시고 빌 2:9-10

이것이 영적인 역사입니다. 그러니 예수님의 이름을 절대로 간단히 생각하면 안 됩니다. 예수님의 이름에는 엄청난 권세가 있고 우리는 예수님의 이름으로 기도 응답을 받습니다.

너희가 내 이름으로 무엇을 구하든지 내가 행하리니 요14:13

우리는 예수님의 이름으로 구원을 받습니다.

다른 이로써는 구원을 받을 수 없나니 천하 사람 중에 구원을 받을 만한 다른 이름을 우리에게 주신 일이 없음이라 하였더라 행4:12

예수님의 이름으로 귀신을 내쫓을 수 있습니다.

믿는 자들에게는 이런 표적이 따르리니 곧 그들이 내 이름으로 귀신을 쫓아내며 새 방언을 말하며 막16:17

예수님의 이름으로 병자를 고친 첫 번째 사건이 사도행전 3장에 나옵니다. 베드로가 나면서부터 걷지 못한 자를 일으켜 낸 일입니다. 베드로와 요한이 성전에 기도하러 올라가다가 미문에 나면서부터 못 걷는 자가 구걸하는 것을 보고 그에게 다가가서 "내게 은과 금은 없지만 내게 있는 이것을 네게 주노니 나사렛 예수 그리스도의 이름으로 일어나 걸으라" 하고 그를 잡아 일으킨 것입니다.

베드로가 어떻게 그런 일을 행할 수 있었을까요? 전적으로 베드로 안에 예수님이 계셨기 때문입니다. 베드로는 자기 안에 무엇이 있고 없는지 너무나 잘 알았습니다. 여러분은 지금 돈 얼마를 가지고 계십니까? 틀림없이 잘 알 것입니다. 베드로도 자기에게 은금이 없다는 것을 잘 알았을 것입니다. 그런데 자기 안에 예수님이 계신다는 것도 분명히 알았습니다. 그래서 예수님의 이름의 권세를 사용할 수 있는 것입니다.

우리에게도 이런 믿음이 필요합니다. 예수님께서는 우리 안에 거하시며 우리도 예수님의 이름으로 권세를 행할 수 있기 때문입니다. 그렇지만 예수님의 이름을 쓴다고 아무에게나 역사가 일어나는 것은 아닙니다.

사도행전 19장에 보면 스게와의 일곱 아들이 사도 바울을 흉내 내어 예수님의 이름으로 악귀를 쫓아내려고 한 적이 있었습니다. 그때 악귀가 "내가 예수도 알고 바울도 알지만 너희는 도대체 누구냐" 하며 그들에게 달려들었고, 그들은 몸에 상처를 입고 벗은 몸으로 도망치고 말았습니다.

그러므로 예수님의 이름을 사용한다고 무조건 역사가 일어나는 것은 아닙니다. 예수님이 마음에 계신 사람, 예수님이 함께 계신 것을 진짜 믿는 사람에게만 이런 역사가 일어납니다. 바로 우리가 예수님의 이름의 권위와 영광을 높이는 사람이 되어야 합니다. 하나님의 기뻐하는 뜻대로 살아서 세상 사람들의 입에서 "예수 믿는 사람은 저렇구나"라는 말이 나오도록 해야 합니다. 만약 어떻게 기도해야 할지 모르겠다면 "예수님의 이름이 높임을 받으시옵소서. 나에게서, 우리 집에서, 우리 일터에서, 예수님의 이름이 높임을 받으시옵소서. 한국 교회에서 예수님의 이름이 높임을 받으시옵소서. 우리나라에서 예수님의 이름이 높임을 받으시옵소서." 이렇게 기도하시기 바랍니다. 이것이 하나님이 정말 기뻐하시는 기도입니다.

놀라운 그 이름 예수

스미스 위글스워스라는 유명한 치유사역자의 책에 소개된 간증입니다. 어느 목사님이 심한 병을 앓고 있었는데, 동료 목사 여섯 명이 그 목사님을 위해 기도하러 모였습니다. 목사님을 위해서 간절히 정말 뜨겁게 기도했지만, 목사님이 치유되지 않았습니다. 어떤 기적이 일어날 조짐도 없었습니다. 그 목사님은 절망하였습니다. 목사 여섯이 모여 기도하는데도, 자기 병이 치유되지 않는 것으로 인하여 절망하며 울었습니다.

여섯 명의 목사들도 낙심하여 방을 빠져나왔습니다. 그때 한 목사님이 "우리가 안 해본 한 가지 일이 있습니다. 우리가 그것을 해봅시다. 그것은 예수님의 이름만 부르는 것입니다."
그들은 다시 들어가 그 귀한 이름을 부르기 시작했습니다. 처음에는 아무 일도 일어나지 않는 듯했습니다. 그러나 그들이 계속 "예수! 예수! 예수!"라고 부르자 능력이 임하기 시작했습니다.

그들은 하나님이 일하기 시작하신 것을 보면서 가슴이 뜨거워졌고 믿음과 기쁨이 커졌습니다. 그들은 예수의 이름을 점점 더 크게 외쳤고 주님이 함께 계신 것을 강하게 느꼈습니다. 그러자 병자가 침대에서 일어나 스스로 옷을 입었습니다. 병이 그 자리에서 고침을 받은 것입니다. 핵심은 여섯 목사님이 병자에게서 시선을 떼고 오직 주 예수 그리스도께 집중하였고, 그의 이름 안에 있는 능력에 대한 약속을 믿음으로 붙잡았기 때문입니다.

예수 그리스도 그분의 이름은 정말 놀랍습니다. 우리의 삶을 통하여 그분의 이름이 높임을 받아야 합니다만 실제로 예수님의 이름에 권세가 있음을 믿어야 합니다. 그 믿음의 뿌리는 우리 안에 계신 주님이십니다. 우리가 예수님의 이름을 부르게 되면 예수님께 우리 마음과 생각을 집중하게 됩니다. 엄밀한 의미에서 우리가 "주여"라고 부르기만 해도, 우리의 기도는 이미 완전한 것입니다. "엄마"라는 말에 아이가 하고 싶은 말이 다 담긴 것처럼 말입니다. 그러니 기도할 줄 몰라도 예수님의 이름을 분명히 붙잡고 부르짖으시기 바랍니다.

우리가 예수님의 이름을 가졌기에 세상에서 핍박을 당하고 조롱을 당하고 손해를 볼지도 모릅니다. 그러나 어떤 일이 있어도 하나님의 이름을 놓치지 마시기 바랍니다. 주님의 나라가 임할 때 하나님의 이름을 가진 교회와 성도의 자랑과 기쁨이 얼마나 크겠습니까?

주님을 기쁘시게 하는 기도

1 가정과 일터에서 제 삶을 통하여 하나님의 이름이 거룩히 여김을 받으시기 원합니다.

2 한국 교회를 통하여 하나님의 이름이 거룩히 여김을 받으시기 원합니다.

3 우리나라에서 하나님의 이름이 거룩히 여김을 받으시기 원합니다.

밤에 부르는 찬송으로
하나님을 기쁘시게 하자

밤에 부르는 찬양이 지진을 일으킵니다. 영적인 지진을 일으키고, 내 영혼을 살게 하고, 하나님의 역사를 이루게 됩니다.

어느 목사님께서 설교하실 때 성도들에게 질문을 던지시고는 누군가 대답을 하자 대답한 성도에게 박수를 쳐주자고 하셨습니다. 목사님께서 그렇게 말씀하시니 다들 박수를 쳤는데 목사님이 정색을 하며 그렇게 무성의하게 박수를 치지 말고 마음을 다해 축복하고 격려하는 마음으로 뜨겁게 박수를 치자고 했습니다. 그래서 교인들이 힘을 다하여 열정적으로 박수를 쳤고 그러자 분위기가 확 달라졌습니다. 예배당이 마치 운동경기가 열리는 경기장처럼 열기가 뜨거워졌습니다.

설교는 한 시간 내내 환호성과 박수로 진행되었습니다. 참 인상 깊었습니다. 박수 열심히 친 것 하나로 분위기가 이렇게 달라질 수 있다는 것을 보고 깜짝 놀랐습니다. 목사님은 다른 사람들에게 뜨겁게 박수 쳐주는 사람이 되라고 도전하였습니다. 그 말씀이 마음에 깊이 와닿았습니다. 얼마든지 할 수 있고 너무 복된 일인데, 미처 깨닫지 못하고 살았습니다.

남편이 아내를 향해 뜨겁게 박수를 보내고, 아내가 남편을 향해 뜨겁게 박수를 보내면 부부관계가 달라질 것입니다. 부모가 자식에게 뜨겁게 박수를 보내고, 자식이 부모에게 뜨겁게 박수를 보내면 부자관계가 달라질 것입니다. 고용주가 직원들에게 뜨겁게 박수를 보내고, 직원들이 고용주에게 뜨겁게 박수를 보내면 직장이 달라질 것입니다.

주님께 뜨거운 박수를!

다른 사람을 위해서 박수를 쳐보니 마음이 엄청나게 달라지는 것을 경험했습니다. 그때 우리가 사람을 위해서 박수 치는 것도 중요하겠지만 정작 뜨거운 박수를 받아야 할 대상은 하나님이시라는 생각이 들었습니다. 우리가 누군가를 위해서 축복도 하고, 감사도 하고, 축하도 하고, 박수를 쳐야 한다면 먼저는 하나님께 그렇게 반응하며 살아야 합니다. 우리가 하나님의 말할 수 없는 은혜 가운데 살기 때문입니다. 이런 생각을 하니 그동안 하나님을 향한 저의 태도가 너무 미지근하고 무기력했음을 깨달았습니다.

다음날 새벽, 알람이 울렸을 때 마음이 달랐습니다. 평소에는 조금만 더 잤으면 좋겠다는 느낌이 들 때가 많았는데 그날은 잠자리를 박차고 일어났습니다. 그리고 기도할 수 있는 건강을 주셔서 감사하고, 기도할 믿음을 주시고, 기도할 수 있는 교회와 함께 기도할 교인들을 주심에 감사하다고 고백하며 교회로 가는데 그렇게 기쁠 수가 없었습니다.

물론 어제도 새벽에 기도했고 그제도 새벽에 기도했습니다. 그런데 하나님께 열렬히 박수 치며 사는 것이 무엇인지 알 것 같은 그날은 새벽기도회에 가는 걸음까지 완전히 달라진 것입니다. 주님께 합당한 반응을 보여드리는 것이 주님과 동행하는 삶입니다. 우리가 진정으로 하나님께 합당한 감사와 찬양을 드리기만 한다면, 우리의 삶의 분위기도 완전히 달라질 것입니다.

나를 찬송하게 하려 함이라

성령을 체험한 이들은 이구동성으로 고백합니다. "세상 만물이 그렇게 아름다울 수가 없습니다. 나무와 풀과 꽃들이 다 하나님을 찬양하는 것 같습니다." 그것은 정말 성령께서 깨우쳐주신 것입니다. 온 자연이 하나님을 찬양합니다.

요즘은 이전에 볼 수 없던 오지의 풍경들까지 볼 수 있습니다. 하늘에 드론(drone)을 띄우기도 하고, 우주에서 지구를 바라보기도 합니다. 우리가 보는 것은 온 우주 만물 중에 극히 일부입니다. 천문학자들은 광대한 우주에 압도당하고 있습니다. 우리가 올라가볼 수 없는 높은 산과 계곡의 풍경, 깊은 바닷속 풍경도 황홀합니다. 정말 하나님이 창조하신 것이 맞습니다. 저절로 그런 아름다운 광경이 생길 수는 없습니다. 누군가가 작품을 만든 것입니다. 파리의 발, 모기의 눈을 현미경으로 찍어놓은 사진을 보신 적 있습니까? 진짜 기막힌 작품이지 저절로 만들어진 것이 아닙니다.

하나님께서 만드신 우주 만물이 다 하나님을 찬양하고 있습니다. 그것이 하나님의 기쁨입니다. 그중에서도 하나님을 가장 기쁘시게 하는 일은 사람인 우리가 하나님을 찬양하는 것입니다. 하나님의 형상대로 만들어진 우리가 하나님을 찬양할 때 하나님께서 가장 기뻐하십니다. 정말 말할 수 없이 기뻐하십니다.

이는 우리가 그리스도 안에서 전부터 바라던 그의 영광의 찬송이 되게 하려 하심이라 엡1:12

이 구절만이 아닙니다. 성경은 창세기부터 요한계시록까지 하나님이 우리를 만드신 목적이 하나님을 찬송하게 하는 데 있다고 합니다.

내 안에 하나님을 향한 찬송이 뜨거운가?

자신이 지금 성령충만한 상태인지, 아니면 성령충만하지 못한 상태인지를 구분하는 것은 대단히 중요합니다. 가족 간에 무슨 말을 하더라도 성령이 충만할 때 해야 합니다. 성령이 충만하지 않다고 느낄 때는 가능하면 말을 하지 않는 것이 좋습니다. 말을 하면 할수록 문제가 더욱 심각해지기 때문입니다. 여러분이 혹시 계약서를 쓴다고 할 때 성령이 충만한 상태일 때 쓰시기를 바랍니다. 성령충만하지 않으면 계약하지 않는 것이 좋습니다. 이 일이 주님의 허락하심인지 아닌지 분별이 안 되기 때문입니다.

이처럼 스스로 자신의 영적 상태를 진단할 수 있는 중요한 기준 중에 하나가 바로 찬양입니다. 그러므로 자신 안에 하나님을 향한 찬양이 뜨거운지 확인해야 합니다. 찬양하는 마음을 회복하기를 힘써야 합니다. 미국의 한 성도가 여행 중 어느 마을의 작은 교회에서 주일예배를 드리게 되었습니다. 예배하는 교인이 모두 15명 정도였는데 뜨겁고 기쁨이 충만한 찬송을 부르는 것을 보고 깜짝 놀랐습니다. 목사님도 열정적으로 설교하였습니다. 마치 수만 명이 모인 교회에서 설교하는 것 같았습니다.

예배를 마치고 목사님에게 인사드리며 어떻게 이런 작은 교회에서 기쁨이 넘치는 힘찬 찬송을 부를 수 있는지 묻자 목사님이 말했습니다. "신학생 시절 이 작은 시골 교회에 파송을 받았는데, 첫 예배에 단 두 명만 참석했을 때 크게 낙담했습니다. 그런데 그날 '그러므로 천사들과 대천사들과 하늘의 모든 사람들과 함께 주님의 영광된 이름을 찬양하고 경배합니다'라는 기도서를 읽은 후 그 문장이 저의 모든 것을 바꾸어놓았습니다. 그리고 하나님께 그렇게나 많은 동반자들 속에 있었다는 것을 알지 못한 저를 용서해달라고 기도했습니다. 그 후 예배할 때마다 허다한 증인들과 함께 예배한다는 것을 잊지 않았습니다."

하나님께 드리는 찬양의 역사는 외적인 환경이나 조건이 아니라 전적으로 자신 안에 성령의 충만함과 밀접한 관련이 있습니다. 여러분이 혼자 찬양할 때라도 여러분은 혼자가 아닙니다. 그러니까 찬양하는 내 마음을 보면 내가 지금 성령으로 충만한지, 영안이 열린 사람인지 알 수 있습니다. 무엇보다도 예수님이 우리 안에 계십니다. 사람이 많이 없더라도 예수님 한 분만 내 안에 계신 것이 분명하다면 벌써 모든 게 달라집니다. 이 사실을 항상 생각해야 합니다. 하나님께서 우리의 찬양을 정말 기뻐하시고, 함께 찬양하는 자들도 많을 뿐 아니라 무엇보다도 예수님이 우리와 함께하십니다.

찬양할 수 없을 때 나는 찬양하리라

하나님을 찬양하는 일에 집중해야 합니다. 어려움이 닥쳤을 때 더욱 하나님을 찬양해야 합니다. 이것이 하나님을 기쁘시게 합니다.

> 비록 무화과나무가 무성하지 못하며 포도나무에 열매가 없으며 감람나무에 소출이 없으며 밭에 먹을 것이 없으며 우리에 양이 없으며 외양간에 소가 없을지라도 나는 여호와로 말미암아 즐거워하며 나의 구원의 하나님으로 말미암아 기뻐하리로다 합 3:17-18

하박국 선지자의 고백처럼 모든 것을 다 잃어버려도 하나님을 찬양하고 구원의 하나님으로 인하여 찬양하며 살아보자는 것입니다. 그다음에 어떤 역사가 일어나는지 지켜보아야 합니다. 마귀는 우리 입에서 찬양이 나오지 못하도록 도저히 찬양할 수 없는 상황을 만듭니다. 우리가 형편이 좋거나 기분이 좋으면 찬양하고, 기분이 나쁘면 찬양하지 못하니까 기분 나쁠 일을 자꾸 만드는 것입니다. 마귀는 결사적으로 우리 입에서 찬양이 나오지 못하게 합니다. 그러나 하나님께서는 우리가 어떤 상황에서도 찬양하기를 원하십니다. 그렇기 때문에 도저히 찬양할 수 없는 상황일지라도 "나는 찬양하리라" 결단해야 합니다.

> 내가 사망의 음침한 골짜기로 다닐지라도 해를 두려워하지 않을 것은 주께서 나와 함께 하심이라 주의 지팡이와 막대기가 나를 안위하시나이다 주께서 내 원수의 목전에서 내게 상을 차려 주시고 기름을 내 머리에 부으셨으니 내 잔이 넘치나이다 시 23:4-5

이것이 다윗의 찬양입니다. 여기에 "내 원수의 목전에서"라는 구절이 나옵니다. 우리는 항상 주님을 바라보아야 합니다. 또한 우리는 마귀가 지켜보는 앞에서 살아가고 있음도 명심해야 합니다. 주님만 우리를 지켜보는 것이 아니라 마귀도 지켜보고 있습니다. 마귀는 우리 입에서 탄식과 절망, 저주 같은 말이 나오기를 바랍니다. 사람은 형편이 어려워지면 당연히 하나님을 부인하고, 탄식하고, 절망한다고 단정하고 있습니다. 그래서 욥을 두고도 "하나님, 욥이 가진 것을 다 빼앗아보세요. 그래도 하나님을 경외하고 하나님께 예배할까요? 사람은 그렇지 않습니다"라고 말했습니다. 그럼에도 하나님은 욥을 믿으셨습니다. 그래서 마귀에게 "네 말대로 다 가져가봐라. 다 빼앗어가봐라"라고 대답하셨습니다. 지금도 똑같은 일이 벌어지고 있다고 믿습니다. 그러니까 우리는 마음에 결심해야 합니다. 마귀의 목전에서, 원수의 목전에서, 마귀가 수치를 당하기까지 하나님을 찬양하겠다고 결단해야 합니다. 하나님께서 이것을 기뻐하십니다.

인생의 밤에 드리는 성도의 찬양

시편 134편에서 주목할 단어가 있습니다. 그것은 바로 '밤에'라는 말입니다.

> 보라 밤에 여호와의 성전에 서 있는 여호와의 모든 종들아 여호와를 송축하라 시 134:1

당시 성전에서 하나님을 찬양하는 직책을 맡은 레위인들은 낮이나 밤이나 찬양을 드렸습니다. 시편 기자는 레위인들이 밤에 하나님을 찬양하는 모습에 큰 영감을 얻었던 것 같습니다. 캄캄하고 깊은 밤, 아무도 보지 않고 아무도 듣는 이 없는 시간에 성전에서 울려 퍼지는 찬양이 진짜 찬양이라고 깨달은 것입니다.

이것은 인생의 밤을 지나는 성도들에게 주시는 말씀이기도 합니다. 누구에게나 죄에 넘어지고, 배신을 당하고, 실패하고, 수치를 겪고, 가난하고, 연약해지는 순간이 있습니다. 하나님의 임재도 믿어지지 않는 영적인 밤이 옵니다. 그러나 하나님께는 낮과 밤의 구분이 없습니다. 좋을 때나 나쁠 때나 하나님께는 전혀 다르지 않습니다. 언제나 하나님께서 다스리시기 때문입니다.

여러분에게도 힘들고 어려운 때가 있었을 텐데, 만약 그 때를 다시 살게 된다면 처음과 똑같이 반응하지는 않을 것입니다. 처음에는 탄식하고 눈물을 흘리고 슬퍼하고 괴로워했지만 지나고 보니 그 어려운 시기가 주는 유익이 있음을 알았을 것입니다. 어려운 때가 영원하지는 않습니다. 오히려 너무나 감사한 순간이기도 합니다. 코로나19를 처음 겪을 때 우리가 얼마나 당황했습니까? 그런데 만약 똑같은 일이 다시 일어난다면 당황할 사람이 없을 것입니다. 어떤 일이 펼쳐질지 너무 잘 아니까 지혜롭게 대처할 것입니다.

그렇다고 우리가 꼭 한 번 더 살아봐야만 깨닫는 것은 아닙니다. 우리는 믿음으로 두 번 사는 것 같은 지혜를 가질 수 있습니다. 밤이 찾아오고 어려운 때가 닥쳤다면 믿음으로 해석해야 합니다. 주님의 눈으로 보면 힘든 시간도 얼마든지 다르게 살 수 있습니다. 그것이 지금 시편 기자가 말하는 것입니다. 그럴 때에도 여전히 하나님을 노래하라는 것입니다.

밤에 부르는 찬송의 능력

오히려 인생의 밤을 만났을 때 찬양하기가 더 좋습니다. 천국이 더 뚜렷하게 보이기 때문입니다. 낮에는 하늘의 별이 안 보이지만, 캄캄한 밤이 되면 별이 잘 보입니다. 인생도 그렇습니다. 모든 일이 잘되고 살기 좋고 편안할 때는 천국이 생각나지 않습니다. 그런데 큰 어려움이 오고, 위기가 닥치고, 죽음이 눈앞에 왔을 때 멀리 있던 천국이 갑자기 매우 가깝게 여겨지고, 비로소 하나님의 말씀이 귀에 들어오고, 주님을 더 분명하게 바라보게 됩니다.

1618년부터 1648년까지 유럽 대륙을 휩쓴 '30년 전쟁'이라는 끔찍한 전쟁이 있었습니다. 이런 전쟁을 겪었다면 원망, 불평, 자학, 절망 속에 빠져 살았을 것 같은데, 놀랍게도 그 전쟁의 소용돌이 속에서 역사적으로 가장 은혜로운 찬송가가 많이 쏟아져 나왔다고 합니다. 17세기 말 음악가였던 환켄나우어라는 사람이 30년 동안에 경건한 성도들이 지은 찬송가를 수집하였는데 약 32,000여 곡이 그 기간에 만들어진 찬송가였으며, 몇 년 뒤 웨첼이라는 음악가가 다시 곡들을 수집하고 정리한 결과 약 55,000여 곡으로 늘어났습니다. 30년간의 전쟁을 통해 정말 엄청나게 많은 찬송이 지어진 것입니다. 평화로울 때 부르지 못하던 찬송이 끔찍한 전쟁을 겪는 가운데 성도들의 입을 통해 터져 나왔다는 것은 무엇을 의미할까요? 고난이 오히려 주님을 가까이하게 하는 원동력이 되었다는 것입니다.

사도행전 16장에 보면 제2차 전도여행 때 바울과 실라가 부활의 주님을 전하다가 매를 맞고 감옥에 갇힙니다. 그렇게 밤이 되었을 때 바울과 실라는 오히려 감사하며 찬송을 부르기 시작했습니다. 그러자 지진이 일어나고 옥문이 열리고 빌립보 간수장이 달려와 회심하고 빌립보교회가 세워지는 역사가 일어났습니다. 이것이 밤에 부르는 찬송의 능력입니다.

모든 일이 잘되고 대접받고, 편안한 잠자리에 들어 잠을 청하며 하나님께 찬송하자고 할 수도 있습니다. 그 찬송도 하나님이 기쁘게 받으실 것입니다. 그런데 그날은 깜깜한 밤, 지하감옥에 갇혀 많은 매를 맞고, 발에 차꼬가 채워진 고통스러운 상황입니다. 그 상황에서 바울과 실라가 부르는 찬송을 들으시는 하나님은 어떤 마음이었겠습니까? 그러니 우리의 처지가 어떤지 주목하지 말고 그 형편에서 찬송을 부를 때 하나님께서 어떻게 받으실까에 주목해야 합니다.

그때 우리 인생에 지진이 일어납니다. 고난과 역경의 깊은 밤에 부르는 노래는 천사도 부를 수 없는 찬송입니다. 천사에게는 고난이 없기 때문입니다. 우리도 죽을 때까지만 고난이 있는 것입니다. 이 세상 사는 동안에만 기막힌 고난과 어려움과 슬픔을 겪습니다. 죽고 나면 그런 고난은 없습니다. 그러므로 우리도 이 세상에 살 때만 밤에 부르는 찬송을 부를 수 있는 것입니다.

이것이 지금 하나님께서 우리에게 주시는 메시지입니다. 어려운 때입니까? 지금 밤을 지나고 있습니까? 밤에 우리가 할 일이 무엇입니까? 탄식하고 원망하고 염려하고 두려워하지 말고 하나님을 찬양하기 바랍니다.

내 영혼아 네가 어찌하여 낙심하며 어찌하여 내 속에서 불안해하는가 너는 하나님께 소망을 두라 그가 나타나 도우심으로 말미암아 내가 여전히 찬송하리로다 시 42:5

코로나19로 말할 수 없이 힘든 시기를 보낼 때, 부목사 한 분이 설교 중에 "우리는 지금 좋은 때에 있습니다"라고 말씀한 적이 있습니다. 위기를 맞이했지만 영적으로는 너무 좋은 때라는 것입니다. 그 말씀에 "아멘" 하였습니다. 힘들고 어렵기 때문에 더욱 주님을 바라보게 되고, 주님과 친밀히 동행하게 되었다면 그 시기는 좋은 때입니다.

코로나19의 확산으로 힘들고 어려운 시기를 보냈지만, 그래서 오히려 많은 교회와 성도들이 영적으로 각성하게 되었습니다. 저는 한국 교회의 부흥이 시작되었다고 믿습니다. 왜냐하면 우리의 마음이 매우 가난해졌고, 오직 주님만 의지하게 되었기 때문입니다. 사실 코로나19 이전에도 영적 각성을 향한 마음이 있었지만, 지금처럼 간절하지는 않았습니다. 솔직히 개인이나 가정, 교회, 나라와 민족의 상황을 봐도 우리 마음이 얼마나 가난해졌습니까? 예전에 이 정도로 충격을 받거나 심각해본 적이 거의 없었습니다. 그래서 이것이 영적으로는 참 귀한 일이라는 것입니다.

욥에게 편안한 날만 있었으면 욥기는 없었을 것입니다. 고난 중에 욥기가 기록되었기에 고난당하는 많은 성도가 은혜를 받는 것입니다. 사도 바울이 쉽게 로마로 가서 로마 교인들에게 예수 그리스도의 부활의 복음을 전하였더라면 로마서는 없었을 것입니다. 로마에 갈 수 없었기에 로마서를 쓰게 된 것입니다. 그렇습니다. 코로나19와 같은 어려운 때에 하나님께서 우리에게 주시는 특별한 은혜가 있는 것입니다. 많은 교회와 그리스도인에게 영적 각성과 삶의 변화를 가져오는 간증의 해가 될 것입니다. 오직 주님만 바라보고 하나님이 기뻐하실 일에 순종만 하면 반드시 그렇게 됩니다.

시편 28편에서 다윗은 아주 고통스러운 기도를 드립니다.

여호와여 내가 주께 부르짖으오니 나의 반석이여 내게 귀를 막지 마소서 주께서 내게 잠잠하시면 내가 무덤에 내려가는 자와 같을까 하나이다 시 28:1

그런데 6절에서 분위기가 완전히 바뀝니다.

여호와를 찬송함이여 내 간구하는 소리를 들으심이로다 여호와는 나의 힘과 나의 방패이시니 내 마음이 그를 의지하여 도움을 얻었도다 그러므로 내 마음이 크게 기뻐하며 내 노래로 그를 찬송하리로다 시 28:6-7

시편 28편을 묵상하면서 탄식의 기도가 찬송으로 바뀌기까지 시간이 얼마나 걸렸을지 생각해봤습니다. 여러분은 탄식의 기도가 찬송으로 바뀌기까지가 얼마나 걸립니까? 하루 걸립니까? 일주일쯤 걸립니까? 한 달쯤 걸립니까? 평생 걸리는 사람도 있습니다.

그런데 다윗은 순식간에 바뀝니다. 부르짖는 기도를 드리다가 순식간에 기쁨의 찬송으로 바뀝니다. 이것이 다윗이 위대한 이유입니다. 다윗에게 탄식할 일이 없었던 게 아닙니다. 수도 없이 많았습니다. 시편을 읽어보면 다윗에게 진짜 어려운 일이 많았습니다. 그런데 기가 막힌 것은 그렇게 탄식하다가, 하나님 앞에 절망의 고백을 드리다가 갑자기 찬송이 터져 나온다는 것입니다.

밤이 왔을 때 더욱 찬양하라

예수동행일기를 쓰는 이유가 바로 여기에 있습니다. 우리가 계속 주님을 바라보는 삶을 살고자 하면, 형편이 좋든지 어렵든지 상관없이 매일 주님을 바라보고 또 주님을 바라보면, 우리의 탄식이 순식간에 찬송으로 바뀌는 역사가 일어납니다. 다윗은 하나님께서 함께 계시는 것이 정말 믿어진 사람입니다. 그래서 탄식의 기도가 순식간에 바뀌는 것입니다.

저도 24시간 주 예수님만 바라보며 살려고 하니까 제 안에 주님을 의식하는 것이 달라졌습니다. 매일 일기를 쓰면서 주님을 의식하게 됩니다. 일기를 쓰긴 전에 하나님을 안 믿은 건 아니었지만, 늘 주님을 의식하지는 못했습니다. 내 문제에 사로잡히고, 눈앞에 닥친 일을 하느라 정신없이 살았습니다.

그런데 예수동행일기를 쓰면서 늘 주님이 의식됩니다. 믿음 없는 말을 하거나, 마음이 불안하다가도 갑자기 이러면 안 된다는 것을 깨닫고 생각과 마음을 바꿉니다. 정말 순간에 바뀝니다. 화가 났다가도, 섭섭하다가도, 슬프다가도, 다 포기하고 싶다가도 "주님, 죄송합니다. 주님, 정말 감사합니다" 갑자기 이렇게 바뀝니다.

우리에게 이것이 필요합니다. 찬양을 회복하는 것입니다. 문제는 아직 해결이 안 됐을 수 있습니다. 문제는 여전히 어렵습니다. 그러니까 밤에 부르는 찬양인 것입니다. 그런데 밤에 부르는 찬양이 지진을 일으킵니다. 영적인 지진을 일으키고, 내 영혼을 살게 하고, 하나님의 역사를 이루게 됩니다. 그래서 하나님께서 기뻐하시는 것입니다.

여러분이 밤에 여호와의 성전 앞에 서 있는 자입니다. 다같이 하나님을 찬양합시다. 밤이나 낮이나 찬양합시다. 밤이 왔을 때 더욱 찬양합시다. 하나님께서 그것을 기뻐하십니다.

주님을 기쁘시게 하는 기도

1 하나님께 미지근하게 반응하였던 것에서 돌이켜 모든 순간 뜨겁 게 반응하게 하소서.

2 힘들고 낙심되고 영적인 밤이 왔을 때, 오히려 찬양하게 하 소서.

3 믿음으로 지금이 은혜의 때요 좋은 때임을 고백합니다. 반드시 간증이 되게 하소서.

하나님께서 죄인을
구원하기를 기뻐하신다

연약한 사람, 잘못하는 사람, 허물이 있는 사람을 어떻게 대하는지가 우리의 영적인 상태입니다. 죄인을 향한 아버지의 마음을 그대로 전해주는 사람이 하나님을 기쁘시게 합니다.

연세대 철학과 명예교수이신 김형석 교수님은 100세가 넘으셨습니다. 최근 교수님을 인터뷰한 기자가 행복에 대하여 질문했습니다. "100세 넘게 살아보시니 사람이 어떨 때 행복합니까?" 교수님이 인터뷰에서 하신 말씀이 참 인상 깊었습니다.

"지금껏 살아보니 아무리 행복해지고 싶어도 행복해지기 힘든 사람들이 있습니다. 크게 보면 두 부류입니다. 우선 정신적 가치를 모르는 사람입니다. 왜냐하면 물질적 가치가 행복을 가져다주지는 않으니까요. 가령 복권에 당첨된 사람이 있어요. 그 사람이 과연 행복하게 살까요? 그렇지 않습니다. 정신적 가치를 모르는 사람이 많은 물건을 가지게 되면 오히려 불행해지고 맙니다. 돈이나 권력, 혹은 명예를 좇는 사람은 가질수록 더 목이 마르기 때문입니다. 밥을 아무리 먹어도 배고픈 사람, 저주받은 사람 아닙니까? 만족이 없는 것입니다. 정신적인 가치를 모르는 사람은 명예와 권력, 재산으로 인해 오히려 불행해지고 말더군요. 그리고 두 번째는 이기주의자입니다. 그들은 절대로 행복할 수가 없습니다. 자신을 챙기고, 자기이익만 생각하는 사람은 행복하지 못합니다. 주위 사람을 다 불행하게 만들기 때문입니다. 주위 사람을 불행하게 만들고 자기만 행복할 수 없는 것입니다."

하나님을 기쁘시게 하려는 삶이 행복한 삶이다

여러분도 주변에 이기적인 사람을 보면 얼마나 고통스럽습니까? 남을 행복하게 하는 마음으로 사는 사람이 자기도 행복합니다. 모르는 이야기가 아닌데도 100세가 넘으신 분이 말씀하니 마음에 더 와닿았습니다. 다른 사람을 행복하게 하는 일은 정말 지혜로운 일입니다. 우리가 가정이나 교회에서, 직장이나 사는 동네에서, 어떻게 하면 남편이나 아내를 행복하게 해줄까, 또는 어떻게 하면 부모님이나 자녀를, 같은 교회 교인들을 행복하게 해줄 수 있을까, 어떻게 하면 직장 동료나 이웃을 행복하게 할 수 있을까 생각하며 산다면 결국은 우리 자신이 행복하게 살게 될 것입니다.

그렇다면 '어떻게 하면 하나님을 기쁘시게 할 수 있을까?' 하는 마음으로 살면 어떤 결과가 오겠습니까? 정말 복된 삶을 살게 될 것입니다. 인생 길에는 좋을 때도 있고, 어려울 때도 있습니다. 코로나19 같은 일도 겪게 됩니다. 그러나 우리는 환경과 여건에 따라서 행복하기도 하고, 불행하기도 한 것이 아닙니다. 행복과 불행은 환경과 여건 때문에 생기는 것이 아닙니다. 행복은 하나님으로부터 오는 것입니다. 그러므로 하나님을 기쁘시게 하려는 삶이 행복한 삶입니다. 그리고 형편이 어려운 때가 하나님을 기쁘시게 하는 삶을 살기에 더 좋습니다. 믿음의 기회, 순종의 기회, 감사의 기회, 찬양의 기회이기 때문입니다.

돌아온 탕자 이야기

'어떻게 하면 하나님을 기쁘시게 할까?' 고민할 필요가 없습니다. 성경에 나와 있는 대로 하면 됩니다. 성경을 보면 하나님께서는 죄인이 회개하고 돌아올 때 너무나 기뻐하신다고 했습니다. 대표적인 말씀이 돌아온 탕자의 이야기입니다. 아버지가 아직 살아있는데 유산을 내놓으라고 요구하는 아들은 정말 불효자입니다. 그러나 한번 마음이 삐뚤어진 아들을 돌이킬 방법이 없습니다. 이때 아버지가 택할 길은 둘밖에 없습니다. 하나는 "너 같은 아들은 아들이 아니다"라고 몽둥이질을 해서 내쫓는 것입니다. 그런다고 누가 아버지가 잘못했다고 하겠습니까? 살아계신 아버지한테 유산을 달라고 하는 것은 아버지에게 죽으라고 하는 말이나 마찬가지 아닙니까? 다른 하나는 지금은 정신 못 차리는 불효자 중의 불효자이지만 회개하고 돌아올 날이 있을 것을 기대하고 유산을 주는 것입니다. 몽둥이질을 하여 내쫓으면 회개하고 돌아올 기회조차 없기 때문입니다. 그래서 아버지는 말도 안 되는 탕자의 요청을 받아들여 유산을 정리해주었습니다.

탕자는 신이 나서 아버지를 멀리 떠나 창기와 허랑방탕하게 살며 가진 돈을 다 탕진해버렸습니다. 마침 그 지방에 흉년이 들어서 먹고살 길이 없어졌습니다. 탕자는 돼지 치는 일을 했습니다. 그것은 유대인들이 하지 않는 일입니다. 그러나 탕자는 돼지 먹이로라도 허기진 배를 채워야 했습니다. 그마저도 먹지 못하게 되었을 때 탕자는 아버지 생각을 했습니다. '아버지 집에는 품꾼들도 풍족하게 먹는데, 내가 아버지에게 돌아가 아버지의 일꾼 중 하나로 살면 굶어 죽지는 않겠다' 하고 아버지 집으로 돌아왔습니다.

이것이 아버지가 원했던 일이었습니다. 아버지는 아들이 오늘 올까 내일 올까, 날마다 대문 밖에 나와 아들이 오기를 기다리고 있었습니다. 그렇기 때문에 멀리서 봐도 꼴이 말이 아닌 아들이지만 금방 알아보았습니다. 그리고 달려가서 아들을 끌어안았습니다.

아들은 "아버지, 저는 아버지의 아들이라고 불릴 자격이 없습니다. 저를 그저 일꾼의 하나로 받아주세요"라고 하였는데 아버지는 그 말이 귀에 들어오지 않았습니다. 종들을 불러서 아들에게 좋은 옷을 입히고, 반지를 끼우고, 신을 신기게 하고, 송아지를 잡아서 잔치를 벌입니다.

이 내 아들은 죽었다가 다시 살아났으며 내가 잃었다가 다시 얻었노라 하니 그들이 즐거워하더라 눅 15:24

아버지는 너무나 기뻤습니다. 이것이 돌아온 탕자의 이야기입니다.

하나님이 죄인을 사랑한 이유

정말 이해할 수 없는 이 아버지의 사랑 이야기가 바로 복음입니다. 하나님께서 죄인을 사랑하신다는 것입니다. 하나님은 거룩하신 분인데 죄인을 사랑하시는 것은 하나님 스스로 자기모순에 빠질 일입니다. 그런데도 하나님은 그렇게 하셨습니다. 죄인인 우리가 바로 잃어버린 자녀이기 때문입니다. 그러니까 이 이해할 수 없는 일이 벌어지는 것입니다.

> 다시는 어느 누구도 너를 두고 '버림받은 자'라고 하지 않을 것이며, 다시는 너의 땅을 일컬어 '버림받은 아내'라고 하지 않을 것이다. 오직 너를 '하나님께서 좋아하시는 여인'이라고 부르고, 네 땅을 '결혼한 여인'이라고 부를 것이니, 이는 주님께서 너를 좋아하시며, 네 땅을 아내로 맞아 주는 신랑과 같이 되실 것이기 때문이다. 사 62:4 새번역

하나님께서 죄를 지은 이스라엘 백성을 계속 사랑하셨습니다. 그리고 반드시 이스라엘을 '하나님께서 좋아하시는 여인', '하나님과 결혼한 여인'이라고 불러줄 것이라고 약속하셨습니다. 이것이 성경이 일관되게 증거하는 중요한 메시지입니다. 하나님이 이렇게 하시는 이유는 하나님이 우리의 아버지이시기 때문입니다.

존 파이퍼 목사님의 친구 목사가 고난주간에 한 교도소에서 말씀을 전한 이야기를 하셨습니다. 그 목사님이 수감자들에게 이렇게 질문했습니다. "예수님을 십자가에 못 박아 죽인 사람이 누구일까요?" 그랬더니 "로마 군병이요", "빌라도요",

"유대인이요", 누군가는 "유다요"라고 대답했습니다. 그런데 목사님은 다 아니라고 했습니다. 죄수들이 그럼 누구냐고 묻자 목사님이 대답하기를 "그의 아버지가 그를 죽였습니다"라고 말했습니다. 그러자 침묵이 흘렀습니다. 그리고 성경을 읽었습니다.

그가 하나님께서 정하신 뜻과 미리 아신 대로 내준 바 되었거늘 너희가 법 없는 자들의 손을 빌려 못 박아 죽였으나 행 2:23

하나님께서 정하신 뜻과 미리 아신 대로 십자가에 당신의 아들을 내어주셨다는 것입니다.

우리는 다 양 같아서 그릇 행하여 각기 제 길로 갔거늘 여호와께서는 우리 모두의 죄악을 그에게 담당시키셨도다 사 53:6

누가 그러셨다고요? 여호와께서 우리의 죄를 그에게 담당시키셨습니다. 그러니까 예수님을 십자가에 못 박아 죽인 분은 하나님 아버지라고 성경이 말씀하고 있는 것입니다. 이것은 정말 말이 안 되는 이야기입니다. 그러니 십자가의 복음은 사실 누구나 다 이해하고 받아들이기에 어려운 것입니다. 성령께서 믿어지게 하지 않으면, 아무리 십자가의 복음을 들어도 믿어지거나 받아들여지지 않습니다. 하나님께서 그 정도로 죄인인 우리를 사랑하신 것입니다.

이것은 우리가 하나님의 자녀이기 때문에 일어난 일입니다. 이 사실 역시 엄청난 복음입니다. 우리가 아무리 죄를 지어도, 우리가 아무리 더러워져도, 우리가 아무리 잘못해도 하나님은 우리를 사랑하십니다. 우리가 잃어버린 하나님의 자녀이기 때문입니다.

아버지께로 돌아오라

그렇다면 마음 놓고 죄를 지어도 좋다는 말입니까? 복음을 잘못 받아들이면 그처럼 죄를 지어도 상관없다고 생각할 수 있습니다. 그러나 성경은 분명하게 말씀합니다. 우리가 어떤 죄인이라도 하나님께서 당신의 독생자 예수 그리스도를 죽게 내어줄 정도로 사랑하시지만, 반드시 하나님께로 돌아와야만 그 사랑을 누릴 수 있다고 말입니다. "아버지, 나는 지금까지 하나님을 떠나 내 마음대로 살았습니다. 용서해주세요" 하면 그 한마디로 과거는 그대로 묻어버립니다. 다 용서해버리십니다. 그리고 기꺼이 받아주시고 기뻐하십니다. 이것이 우리에게 영원한 복음, 완전한 복음입니다.

탕자가 아버지의 사랑을 믿었다 하더라도 아버지에게로 돌아오지 않았다면, 아버지가 그에게 사랑도 기쁨도 줄 수 없었을 것입니다. 탕자라 하더라도 아버지께 돌아왔기 때문에 아버지의 기쁨을 누리고 아들의 지위도 회복된 것입니다.

우리도 예수 그리스도 안에서 하나님 아버지의 사랑을 들은 것은 너무나 복된 일입니다. 우리가 어떤 죄를 지었어도 하나님은 우리를 사랑하십니다. 그런데 거기서 그치면 안 됩니다. 우리 자신도 죄에서 돌이켜 하나님께로 돌아가야 하고, 하나님의 사랑을 알지 못하는 죄인들이 하나님께로 돌아오게 하는 일에 힘써야 합니다. 하나님께서 그것을 기뻐하십니다.

너는 말씀을 전파하라 때를 얻든지 못 얻든지 항상 힘쓰라 범사에 오래 참음과 가르침으로 경책하며 경계하며 권하라 딤후 4:2

우리는 스스로에게 물어야 합니다. "하나님이 기뻐하시는 일을 정말 하고 싶은가?", "하나님이 기뻐하시는 일이 무엇인지 알게 되면 정말 그대로 행할 것인가?" 그렇다면 스스로 죄에서 떠나 주님과 동행하는 삶을 살아야 하고, 하나님의 사랑을 깨닫지 못하는 사람들에게 "하나님이 당신을 사랑하십니다. 아버지 하나님께로 돌아오세요"라고 전해주어야 합니다. 이 일이 하나님을 기쁘시게 하는 일입니다.

전도는 어떤 마음으로 해야 하는가?

우리가 전도할 때 반드시 명심할 것이 있습니다. 복음은 위대한 메시지이지만 아버지의 사랑으로 증거되지 않으면 사람들은 그 복음의 진정성을 믿지 못한다는 것입니다. 전도를 사명감만 가지고 해서는 안 됩니다. 우리가 주님의 마음으로 전도해야 하고, 그 영혼을 정말 사랑하는 마음으로 전도해야 합니다. 사랑이 복음을 증명하고 복음을 열매 맺게 하는 것입니다.

늘 웃는 얼굴에서 온유함과 사랑이 드러나는 선한 목사님이 계셨습니다. 참 사랑이 많은 분이었습니다. 그런데 그 분이 본래부터 그렇게 사랑이 많았던 것은 아니었음을 알았습니다. 목사님은 학창시절 교회생활에 열심은 있었지만 지나치게 율법적이고 심지어 아주 무서운 사람이었다고 합니다. 오른손이 하는 것을 왼손이 모르게 하라는 말씀대로 며칠씩 왼손을 주머니에 넣고 다니거나 음욕을 품고 여자를 보는 자마다 이미 간음했다는 말씀을 보고 교회만 오면 울며 회개했다고 합니다.

　이렇게 철저히 성경 말씀대로 살려 했지만 동시에 그는 사람들을 판단하고 정죄했습니다. 교회 어른들 중에 존경하는 사람도 없었습니다. 고등학생 때 담배 피우는 집사님을 보고 '저 사람은 집사도 아니야', 새벽기도회에 안 나오는 장로님을 보고 '저분은 장로도 아니야. 저런 사람들을 교회 중직으로 세운 것을 보니 목사님은 삯꾼이 틀림없어' 이렇게 교회 어른들을 판단하고 살았습니다.

　한번은 친구가 실연의 아픔과 생활고로 자살을 시도했다가 미수에 그쳤는데 그 병원에 찾아가 "네가 정말 예수 믿는 사람이야? 어떻게 예수 믿는 사람이 자살할 수가 있어?"라고 책망했다고 합니다. 자살을 시도한 친구는 아무 말도 못하고 계속 울기만 하는데도 자신은 잘했다고 생각한 것입니다.

　그런 그가 시험에 빠졌습니다. '나 같은 사람이 목사가 안 되면 누가 되겠는가' 싶은 생각에 신학교를 가려고 했는데, 불신자이셨던 아버지가 등록금을 내주지 않아 결국 등록하지 못해 엄청난 낙심이 찾아왔습니다. 그때 하나님을 원망하고 하나님을 부인하게 되어 그렇게나 좋아 보였던 믿음이 한순간에 꺾이고 믿음의 방황을 하기 시작했습니다. 한번 꺾이고 나니 엄청나게 방탕한 삶을 살았고 몇 년의 방황 끝에 다시 예수님께로 돌아오게 되었습니다. 그리고 자신이 얼마나 교만했었고 얼마나 많은 사람을 실족시킨 무서운 죄인이었는지를 깨닫게 되었습니다. 통곡하며 회개하고 그런 자신을 용서하시고 여전히 사랑하시는 예수님 때문에 다시 신학교에 가서 목사가 되었습니다. 그의 실패가 그를 사랑의 목사로 만든 것입니다.

하나님은 이처럼 우리가 진정으로 자신의 죄를 회개하고 돌이키기를 기뻐하십니다. 교회는 열심히 다니지만, 자신이 정말 지옥에 갈 수밖에 없는 말할 수 없는 죄인이었음을 분명히 깨닫지 못하고, 하나님께서 자신을 얼마나 사랑하시는지를 정확히 알지 못하는 그리스도인들이 많습니다. 그래서 무서운 율법주의자가 되어 끊임없이 다른 사람을 정죄하는 것입니다.

이런 사람이 전도를 하면 전도가 안 됩니다. 열심은 있어서 주위 사람들에게 예수 믿으라고 말은 많이 하지만, 사람의 마음을 움직여내지 못합니다. 영혼의 구원은 아버지의 사랑으로 되기 때문입니다. 죄인을 하나님께로 돌아오게 하는 일이 하나님께서 가장 기뻐하시는 일인데, 그 일은 사람에 대한 긍휼의 마음, 죄인을 사랑하셔서 독생자까지 내어주시며 그를 구원하시려는 하나님 아버지의 사랑이 우리 속에 역사해야만 이루어지는 것입니다.

죄인도 사랑하시는 하나님처럼 사랑만 하며 살라

여러분, 진짜 구원받아야 할 사람은 교회 바깥에만 있는 것이 아닙니다. 교회 안에도 여전히 구원받아야 할 사람들이 있습니다. 빌리 그래함 목사님이 한번은 어느 교회에 가서 집회를 인도하였는데, 교인 한 분이 목사님에게 공개적으로 질문을 했습니다. "우리 교인 중에 자주 술에 취해 덕을 세우지 못하는 사람이 있습니다. 이 사람을 어떻게 하는 것이 좋겠습니까?" 그는 이미 판단, 정죄하고 있는 상태였으며 그런 사람은 교인이 아니라는 답을 듣고 싶어 하는 것 같았습니다. 빌리 그래함 목사님은 "성경에 분명히 술 취하지 말라고 했으니 성경대로 술 취한 사람, 술을 끊지 못한 사람을 징계해야 합니다. 그러나 또한 성경에 말씀하기를 용서하고 사랑하라 했으니 용서하고 사랑하지 않은 사람도 징계해야 합니다"라고 답했습니다. 그 말에 모두 고개를 푹 숙였다고 합니다.

우리가 복음을 전하기를 갈망한다면, 교회가 먼저 하나님 아버지의 마음을 가지고 있는 성도들이 모인 공동체가 되어야 합니다. 전도만 열심히 할 것이 아니라 하나님 아버지의 마음으로 서로를 보는 사랑의 공동체를 이루며 전도해야 합니다. 비록 하나님에 대한 확신이 없는 자라도 교회에 들어와 보니 정말 여기는 죄인도 사랑을 받는 곳이라고 느껴야 전도가 되는 것입니다. 교회를 한번이라도 다녀본 사람들은 꽤 많습니다. 그러면 그들은 왜 교회를 왔다가 떠났을까요? 여기에 우리의 숙제가 있습니다. 죄인이 하나님 아버지께로 돌아오게 하려면, 우리에게 죄인을 사랑하는 아버지의 마음이 있어야 하는 것입니다.

하나님께서는 때때로 사람의 매와 인생의 채찍(삼하 7:14)을 사용하셔서 우리를 징계하실 때가 있지만, 여러분 자신은 결코 어떤 사람에게든 매나 채찍이 되지는 마시기 바랍니다. 그런 일은 우리가 굳이 하지 않아도 할 사람이 많습니다. 우리는 오직 아버지의 사랑으로 살려주는 자, 건져주는 자, 감싸주는 자, 생명을 주는 자가 되어야 합니다. 탕자라도 사랑하는 아버지의 마음으로 사랑만 하며 살 뿐입니다.

2차 세계대전 중 영국이 독일과 싸울 때 런던 시가지는 불바다가 되어 방공호에서 18시간씩 근무하며 전쟁을 치렀습니다. 그런데 로켓이 독일군 포로수용소에 떨어져 많은 사상자가 났습니다. 처칠은 그것을 보고 국회에 포로수용소를 좀 더 안전한 지역으로 옮길 수 있는 예산 배정을 청원하였습니다. 국회의원들은 전쟁 중에 적군 포로를 위하여 많은 예산을 사용하는 것이 부당하다고 완강히 반대하였습니다. 그래서 자정까지 회의를 거듭하였는데, 자정에 가서야 처칠의 요청대로 통과되었습니다. 처칠 회고록에서 처칠은 그 순간에 "하나님, 감사합니다. 주님을 찬양합니다"라고 고백했다고 기록하고 있습니다. 이것이 영국이 승리한 열쇠이지 않았겠습니까? 그후 처칠은 처칠 회고록으로 노벨 문학상을 받았습니다.

우리는 사람과의 관계에서 별별 사람을 만나게 됩니다. 악한 사람, 힘들게 하는 사람, 부담스러운 사람도 만나게 됩니다. 그럴 때 하나님을 기쁘시게 하기에 참 좋습니다. 죄인도 사랑하시는 하나님처럼 어떤 사람이든지, 자신에게 가시 같은 사람이든지, 원수 같은 사람이든지, 하나님 아버지의 사랑으로 사랑하면 하나님께서 너무나 기뻐하시는 것입니다.

모든 사람을 예수님처럼 대하라

어떤 마을에 큰 수도원이 하나 있었는데, 한때 진리를 탐구하는 사람들로 붐비던 수도원이 언제부터인가 영적 분위기가 냉랭해지더니 사람들의 발길이 뜸해지기 시작했습니다. 깊이 고민하던 수도원장이 자신의 옛 스승을 찾아가 수도원의 형편을 이야기하고 상담하였는데 자초지종을 다 들은 스승이 이렇게 일러주었습니다.

"그 수도원이 침체하게 된 것은 그 안에 있는 사람들이 큰 죄를 짓고 있기 때문입니다." 수도원장은 깜짝 놀라며 속세를 떠나 수도에만 전념하는 사람들에게 무슨 큰 죄가 있다고 그러시냐고 반문했습니다. 그러자 스승은 수도원의 모든 사람들이 예수님을 거들떠보지도 않고 있으니 무슨 은혜가 있겠느냐고 말했습니다. 수도원장은 처음에 그 스승의 말을 이해할 수 없었습니다. '아니 예수님께서 우리 수도원에 오셨는데, 누구도 예수님을 귀하게 대접하지 않았다고?' 그런데 가만히 생각해보니까 마음에 걸리는 것이 있었습니다.

수도원장은 수도원으로 돌아가 사람들을 다 불렀습니다. 그리고 스승에게 들은 이야기를 했습니다. "우리 수도원에 예수님이 오셨는데, 누구도 예수님을 주님으로 대접하지 않고 무시하니 수도원이 이렇게 영적으로 냉랭할 수밖에 없는 것입니다." 수도원장의 말을 들은 수도사들도 처음에는 믿기지 않는다는 표정을 지었지만, 생각에 변화가 일어나기 시작했습니다. '어쩌면 내 옆에 있는 사람이 변장한 예수님인지도 몰라' 이렇게 생각하니 수도사들 사이에 서로를 대하는 것이 너무나 조심스러워졌습니다. 말 한마디 행동 하나도 조심스러워졌습니다.

순식간에 수도원의 분위기가 달라졌습니다. '혹시 오늘 나와 마주친 그 사람이 예수님이지 않을까?'라고 생각하며 누구를 대하든지 모든 사람을 예수님께 대하듯이 사랑과 존경으로 대하기 시작한 것입니다. 그러자 수도원은 기쁨이 넘치는 사랑의 공동체로서 활기를 되찾기 시작했습니다.

　우리가 우리의 가정과 교회를 어떻게 주님의 몸된 공동체로 세워갈 수 있겠습니까? 우리의 가정과 교회 안에 어떻게 하면 죄인이 하나님께로 돌아오는 역사가 일어날 수 있겠습니까? 우리 안에 주님이 와 계신 것을 분명히 믿어야 합니다. 그냥 사랑하려고만 결심해서는 되지 않습니다. 모든 이들을 주님께 하듯이 대해야 합니다.

연약한 사람을 대하는 우리의 자세

제가 처음 교인들과 함께 성지순례를 갔을 때 너무나 큰 감동이 있었습니다. 한번은 이집트에서 시내산에 올랐다가 요르단으로 건너가 이스라엘 백성이 걸었던 광야 길을 순례하고 느보산까지 갔다가 거기서 요단강을 건너 이스라엘로 들어가는 여정이었는데 느보산으로 가는 날, 집사님 한 분이 짐을 호텔 로비에 두고 떠나온 것을 알게 되었습니다. 이 사실을 뒤늦게 알게 되어 다시 호텔로 돌아갔다가 오면 버스에 같이 탄 교인들이 모두 느보산을 보지 못할 상황이었습니다.

빠른 시간 안에 둘 중에 하나를 선택해야 했습니다. 집사님만 택시를 타고 호텔로 돌아가 짐을 찾아오거나 다 같이 호텔로 돌아가 집사님의 짐을 챙겨서 오는 것이었습니다. 그때 팀을 이끄시던 장로님께서 "우리가 다 한 몸인데, 어떻게 집사님만 호텔로 가서 짐을 찾아오라고 하겠습니까? 우리 함께합시다. 혹시 우리가 느보산을 보지 못해도 우리는 하나이지 않습니까?" 그러자 버스에 탔던 교인들이 다 아멘으로 화답하였습니다.

저는 이 일이 기적 같다고 여겨졌습니다. 그중에 한 분이라도 "나는 반드시 느보산을 보아야겠습니다"라고 나섰다면 쉽게 결정할 수 없는 상황이었습니다. 사실 버스에 탄 모든 교인들이 느보산에 올라가고 싶었을 것입니다. 그러나 짐을 싣지 못했기 때문에 쩔쩔매고 안절부절못하는 그 집사님을 향한 긍휼의 마음으로 그 집사님이 너무 미안해하지 않도록 아무렇지 않은 듯 "괜찮으니 우리 다 같이 돌아갔다가 옵시다"라고 말한 것입니다.

그런데 참 감사하게도 호텔로 돌아갔다가 오는 길에 교통이 잘 뚫려 아주 잠깐이지만 느보산 전망대에서 이스라엘 땅을 볼 수 있었습니다. 하나님께서 그 버스에 탄 교인들을 기쁘게 여기셔서 잠깐이라도 느보산을 보여주신 것 같았습니다. 그때 제 마음속에 이런 교회 공동체라면 목회할 만하고, 하나님이 역사하실 것이라는 생각이 들었습니다. 어려움을 당한 사람, 실패한 사람, 연약한 사람을 마음을 다해 품어주는 것은 결코 쉬운 일이 아닙니다.

또 감사했던 것은 보통 관광을 가거나 성지순례를 가면, 버스 앞자리가 전망이 좋아 누구나 앞자리에 앉으려 하기 마련입니다. 그런데 참 놀랍게도 먼저 타는 사람이 제일 뒷자리부터 채워 앉은 것입니다. 그 자체가 감동이었습니다. 같이 여행을 하다보면 항상 제시간에 맞춰 오지 못하는 사람들이 생기고 그런 분들이 늘 밉상이 됩니다. 그런데 성지순례 중에는 오히려 그런 사람이 맨 앞에 앉게 되니 정말 놀라웠습니다. 이렇게 진행된 성지순례이니 가는 곳마다 은혜가 안 될 수 없었습니다.

연약한 사람, 잘못하는 사람, 허물이 있는 사람을 어떻게 대하는지가 우리의 영적인 상태입니다. 그것이 그대로 주님의 마음입니다. 가족이나 교인들을 볼 때 특히 죄지은 이들을 볼 때 예수님의 마음을 가져야 합니다. 이 일이 하나님을 너무나 기쁘시게 합니다. 죄인을 향한 아버지의 마음을 그대로 전해주는 사람이 하나님을 너무너무 기쁘시게 하는 것입니다.

인자가 온 것은 섬김을 받으려 함이 아니라 도리어 섬기려 하고 자기 목숨을 많은 사람의 대속물로 주려 함이니라 막 10:45

이것이 우리 안에 계신 예수님의 마음입니다. 이 마음이 우리가 다른 사람을 대할 때 그대로 드러나게 되는 것입니다. 그것이 사실은 전도하는 마음입니다. 그때만 전도의 문이 열립니다. 그때 정말 상처받은 사람, 소외된 사람, 버림받은 사람이 하나님의 사랑을 알게 됩니다. 하나님의 사랑을 말로 다 설명하지 않아도 성도들을 보면 깨닫게 되고 믿게 되는 것입니다. 그런 사람을 하나님께서 어떻게 귀히 여기지 않겠습니까.

주님을 기쁘시게 하는 기도

1 주여, 제가 가정이나 학교, 직장에서 하나님의 사랑의 복음을 전해주어야 할 사람이 누구인지 깨닫게 하소서.

2 보지도 듣지도 못한 열방의 족속들에게 하나님의 사랑의 복음을 전해야 할 '보내는 선교사'의 사명을 소홀히 하지 않게 하소서.

3 죄인을 볼 때 그를 자녀로 여기시며 사랑하는 주님의 마음을 주소서.

하나님께서
기뻐하시는 기도를 드리자

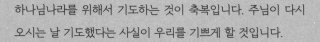

하나님나라를 위해서 기도하는 것이 축복입니다. 주님이 다시
오시는 날 기도했다는 사실이 우리를 기쁘게 할 것입니다.

서울의 어느 교회 부흥회 중에 장로님 한 분이 식사 대접을 해주시며 간증을 하셨습니다. 부인이신 권사님이 부흥회 때 얼마나 은혜를 많이 받았는지, 장로님의 가정에 부흥이 일어났다는 것입니다.

새벽집회가 끝나고 권사님이 교회 로비에서 장로님이 나오실 때를 기다렸다가 장로님이 나오자 장로님을 끌어안고 "내가 잘못했어요, 나를 용서해주세요"라며 눈물을 흘리며 울더니 집에 돌아가서도 장로님 앞에 무릎을 꿇고 "나를 용서해주세요. 그동안 당신에게 잘못한 것이 너무 많아요"라고 회개하더라는 것입니다. 그래서 그러면 장로님은 어떻게 하셨는지 물어봤습니다. 그랬더니 "하나님, 감사합니다"라고 했다는 것입니다. 장로님의 그 반응은 솔직히 제게 충격이었습니다. '아니 그 순간에 어떻게 그런 반응을 할 수 있지? 아내가 잘못했다고 하면 장로님은 더 무릎을 꿇고 잘못했다고 그래야 주

님의 역사가 일어나지 않겠는가.' 식사 대접은 감사하지만 입
맛은 썼습니다.

　같은 말씀을 받아도 어떤 사람은 은혜를 충만하게 받지만,
어떤 사람은 전혀 반응이 없을 수 있고, 회개는 잘못한 사람
이 하는 것이 아니라 은혜받은 사람이 하는 것이라고 깨달았
습니다. 우리가 은혜를 받더라도 자기중심으로 생각하지 말
고 어떤 상황에서도 하나님께서 기뻐하실 것이 무엇인지 잘
판단해야 합니다.

하나님이 이루어가시는 기도 부흥의 역사

하나님께서 특별히 기뻐하시는 것 중에 하나가 우리의 기도입
니다. 코로나19로 어려움이 많지만 그 역시 하나님의 은혜임
을 깨달았는데, 그것은 교회 안에 일어나는 기도 부흥의 역사
때문이었습니다.

　코로나19 이전부터 하나님께서는 제게 '하나님의 나라와
우리 민족과 한국 교회를 위하여' 온 교인들과 함께하는 매일
합심기도라는 중보기도 사역을 시작하게 하셨습니다. 이 기
도로 우리에게 일어난 변화는 항상 하나님의 나라, 우리나라
와 민족, 한국 교회를 위하여 매일 기도하고 먼저 기도하게 된

것입니다. 이제는 하나님의 나라와 우리나라와 우리 민족과 한국 교회를 위한 기도가 교인들에게 자연스러워졌다는 것이 깨달아졌습니다. 문제가 있으면 기도하고, 문제가 없으면 기도를 중단하고, 자기문제조차 제대로 기도하지 못하는 수준에서 일어난 놀라운 변화가 아닐 수 없습니다. 하나님께서 이것을 기뻐하신다고 느껴졌습니다.

2018년에는 '한 시간 기도' 운동을 시작하게 하심으로 한 시간 기도훈련을 하게 하셨고, 한 시간 기도하려는 그리스도인들을 돕기 위하여 '예수동행기도 사이트'도 만들게 하셨습니다. 한 시간 기도를 하고 싶은데, 잘 안 된다고 하는 성도들이 많아 휴대폰에 한 시간 기도 앱을 다운받아 기도하고 싶으면 어디서든지 기도할 수 있도록 도운 것입니다.

코로나19로 교회에서 모일 수 없게 되면서 교회 기도실도 문을 닫아야 했습니다. 그때 하나님께서 "왜 작은 기도실에서만 기도해야 하느냐?" 하시며 예배당을 기도실로 열면 된다는 생각을 주셨습니다. 예배당을 항상 열어놓으려면 관리하는 측면에서 어려움이 있지만, 교인들이 모여 집회할 수 없는 상황에서 개인적으로 예배당에 와서 넓은 공간에서 마음껏 기도하게 하는 것은 너무나 지혜로운 일이었습니다. 그래서 이름을 '성전기도'라 명하여 계속 교회에 나와 기도할 수 있게 하였습니다.

생각해보니 하나님께서 교회를 계속 강하게 기도하게 하신다는 것을 깨달았습니다. 처음 시작은 하나님의 나라를 위한 매일합심기도였는데, 하나님께서 그 기도를 기뻐하셔서 계속해서 교회에 기도의 문을 여셨던 것입니다. 기도에는 하나님께서 기뻐하시는 기도가 있고 하나님께서 기뻐하시는 기도를 하게 되면 전혀 생각하지 못한 하나님의 역사가 일어납니다. 하나님께서 기뻐하시는 기도를 시작하였더니 코로나19 상황에서도 오히려 교회는 기도가 더 강해지고, 더 깊어지는 기도의 은혜를 누리게 하셨습니다.

하나님의 나라는 비밀이 아니다

우리가 기도할 때 하나님께서 기뻐하시지만, 특별히 하나님의 나라를 위하여 기도할 때 기뻐하십니다. 예수님께서는 기도를 가르치실 때 "나라가 임하시오며 뜻이 하늘에서 이루어진 것 같이 땅에서도 이루어지이다"(마 6:10)라고 기도하라 하셨습니다. 이것은 엄청난 영적 비밀을 말씀해주신 것입니다. 예수님께서 이렇게 말씀해주지 않았다면 우리는 하나님의 나라가 있는지 상상도 못했을 것입니다. 그런데 하나님의 나라가 있으며, 하나님의 나라가 이 땅에서도 이루어진다는 것입니다. 그리고 그 하나님의 나라를 위해서 기도하라는 것입니다. 이 세상이 전부가 아니고 하나님의 나라가 있다는 것이 얼마나 놀랍고도 엄청난 비밀입니까?

그런데 이제 하나님의 나라는 더 이상 비밀일 수가 없습니다. 누구나 읽을 수 있는 성경에 기록되어 있기 때문입니다. 비밀이라면 아무나 볼 수 없는 문서에 기록되어야 하고, 그 문서는 비밀을 취급할 수 있는 자격이 있는 사람에게만 공개되어야 합니다. 그러나 하나님의 나라는 이미 모든 사람들에게 공개되어버렸습니다. 예수님께서 이 땅에 오신 것 자체가 하나님의 나라의 시작이라고 하였습니다. 성경의 마지막 남은 예언도 하나님의 나라에 대한 것입니다. 사도들이 전한 복음도 하나님나라의 복음입니다.

일곱째 천사가 나팔을 불매 하늘에 큰 음성들이 나서 이르되 세상 나라가 우리 주와 그의 그리스도의 나라가 되어 그가 세세토록 왕 노릇 하시리로다 하니 계11:15

초대교회 성도들은 마라나타 "아멘 주 예수여 오시옵소서" 하고 인사하였습니다.

> 이것들을 증언하신 이가 이르시되 내가 진실로 속히 오리라 하시
> 거늘 아멘 주 예수여 오시옵소서 계 22:20

이 세상은 끝나게 되어 있고, 하나님의 나라가 이 땅에 온전히 이루어지게 된다는 사실이 분명히 기록되었음에도 불구하고 여전히 많은 사람들에게 하나님나라의 소식은 비밀 취급을 받습니다. 누구에게나 공개되어 있지만 들어도 믿지 않으니 비밀처럼 된 것입니다. 그래서 성경에도 하나님의 나라를 비밀이라고 쓰고 있습니다.

> 이르시되 하나님나라의 비밀을 아는 것이 너희에게는 허락되었
> 으나 다른 사람에게는 비유로 하나니 이는 그들로 보아도 보지
> 못하고 들어도 깨닫지 못하게 하려 함이라 눅 8:10

지금 이 시대가 그렇습니다. 하나님의 나라는 완전히 공개되어 있으며, 너무나 놀랍게 지금 우리 눈에 보입니다. 우리 안에 왕이신 예수님이 와 계시고, 우리가 함께 모여서 하나님께 예배하고 하나님의 말씀을 듣는 것 자체가 하나님나라 백성의 일입니다.

보라 내가 너희에게 비밀을 말하노니 우리가 다 잠잘 것이 아니요 마지막 나팔에 순식간에 홀연히 다 변화되리니 고전 15:51

이 말씀처럼 결국 하나님의 나라가 임할 것이고, 그때 죽은 자들이 살아날 것입니다.

이 비밀은 만세와 만대로부터 감추어졌던 것인데 이제는 그의 성도들에게 나타났고 골 1:26

이 하나님의 나라 비밀이 예수 그리스도로 인하여 완전히 공개되었습니다. 그런데 안타깝게도 여전히 많은 사람들에게 하나님의 나라는 전혀 보이지 않고 들리지도 않습니다. 심지어 예수를 믿는 사람들 중에도 하나님의 나라를 비밀처럼 여기는 경우가 많습니다. 어쩌면 지금의 한국 교회의 위기, 신앙 생활의 혼란은 하나님나라의 비밀을 모르는 데서 생기는 것입니다. 우주의 끝을 보고 혈관 속까지 들여다보면서 하나님의 나라는 보지 못하는 것입니다.

하나님의 나라 백성다운 삶

그런데 하나님의 나라 비밀에 눈을 떴는지 아닌지 알 수가 있습니다. 하나님의 나라에 눈뜬 사람은 이 세상에서부터 하나님의 나라 백성답게 살기 때문입니다. 그러나 하나님의 나라가 보이지도 않고 들리지도 않아서 막연하게 믿는 사람은 세상 사람처럼 사는 것입니다.

우리나라에 한국 사람만 사는 것은 아닙니다. 일본 사람, 중국 사람, 미국 사람도 한국에 와서 삽니다. 그런데 그 사람들을 보면 한국에서 살기는 살아도 어느 나라 사람이냐에 따라 다르게 산다는 것입니다. 그러니까 하나님의 나라가 진짜 믿어지는 사람은 세상에서 살아도 하나님의 나라 백성이라고 생각하며 삽니다. 자신이 하나님의 나라 백성이라는 의식이 있는 사람은 학교나 직장에서 하나님의 나라 백성처럼 삽니다. 자신이 그러한지 아닌지 스스로 돌아보아야 합니다.

… 우리의 시민권은 하늘에 있습니다. … 빌 3:20 새번역

여러분은 하늘나라 시민권을 가진 사람입니다. 하나님의 나라가 더 이상 비밀이 아닌 사람, 하나님의 나라에 대하여 마음이 활짝 열린 사람의 시민권은 하늘에 있습니다. 그러면

정말 하늘나라 시민이라는 느낌을 가지고 사십니까?

2016년 미국에서 열렸던 세계 한인 선교사 대회에 참석했을 때, 인상 깊은 모습을 보았습니다. 오지에서 어렵게 사역한 선교사님일수록 귀한 대접을 받는 것이었습니다. 그 분들의 이야기를 들어보면 정말 고생을 많이 하셨습니다. 그런데 그 고생스러웠던 이야기가 마치 선교사의 계급처럼 느껴졌습니다. 더 고생한 선교사님이 나오면 다른 선교사님은 다시 잠잠해집니다. 마치 하나님의 나라에 가면 이런 모습이겠다고 생각했습니다.

하나님의 나라 백성에게는 하나님의 나라 백성다운 문화가 있습니다. 저는 어떤 선교사가 가장 어려운 형편에서 사역하는 선교사인지 궁금했습니다. 그때 한 분으로부터 들은 말이 마음에 남았습니다. 아무 열매가 없는데 그렇다고 선교지를 떠날 수도 없는 선교사가 가장 어려운 형편의 선교사라는 것입니다.

아무리 고생스러워도 거기에 예수 믿는 사람들이 많아지고 선교 사역이 활발하게 전개된다면 행복한 선교사였습니다. 현지 음식이 안 맞고 풍토병으로 고생해도, 사역의 열매가 있으면 그 선교사는 행복한 선교사입니다. 아무 열매가 없고, 예수 믿는 사람도 없고, 공개적으로 전도도 할 수 없는데 그곳을 떠나지도 못하는 선교사들의 이야기는 듣는 사람에게도 참 힘든 일이었습니다.

그런데 하나님이 주신 마음은 그 분들이 참으로 귀하다는 것입니다. 하나님께서 열매 없는 사역의 현장을 끝까지 지키는 것을 대단히 귀하게 보신다는 것을 깨달았습니다. 하나님의 나라 백성들은 이 세상에 살아도 가치관도, 소원도 이 세상 사람들과는 다릅니다.

하나님의 나라 백성의 마음

빌립보서를 보면 사도 바울이 빌립보에 있는 구원받지 못한 사람들을 위하여 울었다고 말하고 있습니다.

> 내가 여러분에게 여러 번 말하였고, 지금도 눈물을 흘리면서 말하지만, 그리스도의 십자가의 원수로 살아가는 사람이 많이 있습니다. 빌 3:18 새번역

빌립보의 예수 안 믿는 사람들, 특히 성도들과 교회를 핍박하는 사람들을 위해서 사도 바울이 운다는 것입니다. 이 마음이 하나님나라의 백성들이 가지는 심정입니다. 핍박하는 사

람, 예수 안 믿는 사람을 위해서 화를 내거나 무서워하거나 피하거나 하는 게 아니라 그들을 위해서 우는 것입니다. 세상 관점에서 보면 사도 바울이 울 일이 아닙니다. 사실 사람의 눈으로 보기에는 빌립보 사람들이 사도 바울을 보고 울어야 합니다. 집도 없고, 직장도 없고, 핍박당하면서 복음을 전하는 사도 바울이야말로 불쌍해 보입니다.

빌립보는 당시에 전략 요충지였고 로마의 시민권이 부여된 직할식민지로 '작은 로마'라고 불렸으며 금광이 있어서 상당히 부유했습니다. 그런 빌립보 사람들은 돈맛에 빠져 매우 타락한 삶을 살았습니다.

> 그들의 마지막은 멸망입니다. 그들은 배를 자기네의 하나님으로 삼고, 자기네의 수치를 영광으로 삼고, 땅의 것만을 생각합니다.
> 빌 3:19 새번역

빌립보 사람들의 입장에서 보면 사도 바울이 불쌍한데, 사도 바울은 그 빌립보 사람을 위해서 울었습니다. 그들이 영원히 멸망할 것이 너무나 불쌍한 것입니다. 이것이 하나님의 나라 백성의 마음입니다.

사도 바울은 예수님을 믿지 않는 빌립보 사람들도 불쌍했

지만, 더욱 안타까운 것은 빌립보교회 성도들이 세상을 바라
보며 마음이 흔들리는 것이었습니다. 풍요하게 살고 온갖 쾌
락을 다 누리고 사는 빌립보 사람들을 부러워할까 걱정이었
습니다. 그래서 간절한 마음으로 빌립보 교인들에게 우리의
시민권은 하늘에 있다고 말한 것입니다. 그때는 로마 시민권
을 자랑하던 시대입니다. 로마 시민이라면 누구나 부러워하
고 어디서든 인정받았습니다. 그런데도 사도 바울은 우리가
로마 시민권과 비교할 수 없는 더 귀하고 좋은 시민권을 가졌
다고 했습니다. 바로 하나님나라의 시민권입니다.

너희는 먼저 하나님의 나라를 위해 기도하라

그리스도인들에게 많은 어려움이 있지만 근본적으로는 엄청난
축복을 받고 사는 것입니다. 하나님나라의 백성이기 때문입
니다. 그러면 이 세상에 살면서 어떻게 세상에 정신 팔지 않고
하나님의 나라를 위해 살 수 있습니까? 하나님의 나라를 위해
서 먼저 기도하는 것입니다.

> 그런즉 너희는 먼저 그의 나라와 그의 의를 구하라 그리하면 이
> 모든 것을 너희에게 더하시리라 마 6:33

나라가 임하시오며 뜻이 하늘에서 이루어진 것같이 땅에서도 이루어지이다 마 6:10

　우리가 하나님의 나라를 위하여 기도하는지는 너무너무 중요합니다. 여기서 하나님의 나라 백성인지 아닌지 구분이 되기 때문입니다. 하나님의 나라 백성이 아니면 하나님의 나라를 위하여 기도하지 않습니다. 그렇지만 하나님의 나라 백성은 하나님의 나라를 위하여 기도하게 됩니다. 그래서 전 교인과 매일합심기도를 하게 된 것입니다. 하나님의 나라를 위하여 기도함으로써 자신이 하나님의 나라 백성임을 일깨워주는 것이 필요했고, 주님이 당부하신 "먼저 하나님의 나라와 의를 구하라"는 말씀을 실천하기 위해서였습니다.

　존 파이퍼 목사님께서 인생의 비극은 응답받지 못한 기도가 아니라 드려지지 않은 기도라고 했습니다. 많은 그리스도인들이 오래 기도했는데도 응답되지 않는 것을 안타까워합니다. 그러나 기도했다면 하나님께서 반드시 책임져주실 것입니다. 정말 안타까운 것은 마땅히 드려야 하는 기도인데 기도하지 않았던 것입니다.

너희가 얻지 못함은 구하지 아니하기 때문이요 약 4:2

하나님의 나라를 위해서 기도하지 않는 사람에게는 하나님의 나라가 임할 때 기쁜 것이 아니라 두려울 것입니다. 주님을 무슨 면목으로 만날 것입니까? 이 일은 너무나 중요한 문제이기 때문에 하나님의 나라를 위해서 기도하라고 설교만 한 채 개개인에게 맡길 문제가 아니라는 것을 깨달았습니다. 목사인 저도 하나님의 나라를 위해서 먼저 기도하는 것을 잊어버릴 때가 너무 많았습니다. 그래서 교인들과 함께 매일 시간을 정하여 기도하고 기도 제목도 보내게 된 것입니다.

공동체의 합심기도를 기뻐하시는 하나님

대부분의 그리스도인이 심각한 문제가 생기면 기도합니다. 그러다가 문제가 해결되면 기도도 그칩니다. 물론 자기문제를 위하여 기도하는 것 자체도 귀한 일입니다. 문제가 있어도 기도하지 않는 사람이 많으니까요. 그러나 자기문제로 기도하는 수준을 벗어나야 합니다. 그런데 이 일이 어렵습니다. 그래서 공동체가 함께 기도하는 것이 필요합니다. 하나님의 나라를 위한 기도, 민족을 위한 기도, 우리나라를 위한 기도, 한국교회를 위한 기도는 함께해야 합니다. 그래야 지속적으로 기도할 수 있습니다.

진실로 다시 너희에게 이르노니 너희 중의 두 사람이 땅에서 합심하여 무엇이든지 구하면 하늘에 계신 내 아버지께서 그들을 위하여 이루게 하시리라 두세 사람이 내 이름으로 모인 곳에는 나도 그들 중에 있느니라 마 18:19-20

주님은 기도를 합심해서 하라고 하셨습니다. 그것은 기도를 계속하기 위해서입니다. 매일합심기도를 처음 시작할 때 '이렇게 기도한다고 무슨 일이 일어날까?' 하는 생각도 들었습니다. 하나님의 나라는 2천 년 동안 기도해오고 있고, 우리가 우리 민족과 나라를 위하여 기도한다고 무슨 역사가 일어날까 회의적이었습니다. 한국 교회를 위한 기도도 참 답답한 문제였습니다.

그런데 지금 선한목자교회 교인들이 하나님의 나라를 위하여 기도하는 것이 자연스러워진 것을 보고 놀랐습니다. 그전에는 그렇지 않았기 때문입니다. 또한 어느 교회나 그런 것은 아니기 때문입니다. 지난 7년 동안 매일 4천 명이 넘는 교인들에게 SNS로 기도 제목을 보내어 하나님의 나라를 위해 기도하고, 민족을 위해 기도하고, 우리나라를 위해 기도하고, 한국 교회를 위해 기도하였습니다. 그러다보니 이제는 하나님의 나라를 위해 기도하는 것이 자연스럽습니다. 이 일이야말로 하나님께서 기뻐하실 일이 아니겠습니까? 그러면 우리가 받을 복이 클 것은 당연한 일입니다.

실제로 코로나19를 지나면서 하나님께서 교회에 엄청난 은혜를 부어주셨습니다. 하나님의 나라를 위하여 먼저 기도하라는 말씀에 조금이라도 순종해보려고 했던 것을 하나님께서 기뻐하셨던 것입니다. 하나님의 나라를 위해 기도하는 것은 그리스도인과 교회의 가장 큰 사명입니다. 우리에게 개인적인 기도 제목들이 많지만 먼저 하나님이 기뻐하시는 기도를 하는 것이 엄청난 복임을 알아야 합니다.

나라와 지도자들을 위한 교회의 중보 사명

미국에 중보기도로 유명한 교회가 있습니다. 처치온더웨이 (Church on the way, 길 위의 교회)라는 특별한 이름의 교회입니다. 이 교회의 담임목사는 잭 헤이포드 목사입니다.

잭 헤이포드 목사님이 교회를 개척하고 얼마 지나지 않아 역대하 7장 14절 말씀을 읽다가 주님의 음성을 들었습니다.

내 이름으로 일컫는 내 백성이 그들의 악한 길에서 떠나 스스로 낮추고 기도하여 내 얼굴을 찾으면 내가 하늘에서 듣고 그들의

죄를 사하고 그들의 땅을 고칠지라 대하 7:14

성령의 감동으로 주님이 이렇게 말씀하시는 것 같았다고 합니다. "나는 이 나라를 위해 기도하도록 이 교회를 부르노라. 마치 다른 교회들은 기도하지 않는 것처럼 기도하도록 너희를 부르노라. 내 말은 다른 교회들은 기도하지 않는다는 것이 아니라 다른 교회들이 기도하지 않는 것처럼 그렇게 뜨겁게 기도해야 한다는 것이니라. 네가 이에 대한 나의 말을 지킨다면 나도 내 약속을 지키겠노라." 그만큼 아주 강하게, 간절하고도 뜨겁게 기도하기를 원하신다는 것을 깨달았습니다. 그렇게 기도할 때 주님도 반드시 약속을 지킬 것이라는 확신이 생겼습니다.

잭 헤이포드 목사님은 미국이라는 나라를 위해서 기도하는 일이 얼마나 중요한지, 하나님이 그 일을 얼마나 귀하게 여기는지를 처음으로 강하게 느꼈습니다. 기독교인들이 자신의 나라를 위해 계속해서 기도해야 하는 중요성을 진정으로 깨닫지 못하고 있었던 것입니다.

주님은 디모데전서 2장 1-2절로 그것을 다시 확인해주셨습니다.

그러므로 내가 첫째로 권하노니 모든 사람을 위하여 간구와 기도와 도고와 감사를 하되 임금들과 높은 지위에 있는 모든 사람을 위하여 하라 이는 우리가 모든 경건과 단정함으로 고요하고 평안한 생활을 하려 함이라 딤전 2:1-2

"첫째로 권하노니"라는 말은 그 기도가 얼마나 중요한지 강조하는 의미입니다. 나라와 통치자들을 위한 기도가 교회에 가장 중요한 사명으로 주어졌다는 것입니다. 나라와 지도자들을 위해 중보의 책임을 수행하는 교회가 있어야만 사회가 '고요하고 평안한 생활'을 영위할 수 있다고 분명히 말씀하고 있기 때문입니다. 잭 헤이포드 목사님은 그때부터 처치온더웨이교회의 중요 사역을 중보기도 사역으로 정했습니다. 그리고 미국을 위해서, 전 세계를 위해서 강력한 중보기도 사역을 하였습니다. 그러자 하나님께서 그 교회를 얼마나 놀랍게 쓰셨는지 모릅니다. 하나님은 하나님이 기뻐하시는 기도를 드리는 교회에 강력히 역사해주십니다.

100년의 기도

잭 헤이포드 목사님의 글을 읽으며 하나님께서 제게 주신 마음과 너무나 같아 깜짝 놀랐습니다. 하나님의 나라를 위해, 이 민족을 위해, 우리나라를 위해, 한국 교회를 위해 기도하는 것이 중요하다는 것은 모든 그리스도인들과 교회가 다 압니다. 어느 목사님이나 교인이 이 기도에 반대하겠습니까? 다만 실제로 그렇게 기도하느냐가 문제입니다.

선한목자교회도 7년 동안 계속 매일합심기도를 해오고 있습니다. 그중에 열정이 식은 교인들도 있습니다. 기도 제목을 받아도 실제로 기도하지 않는 교인들도 있을 것입니다. 처음에는 무슨 역사가 일어날지 기대가 되었는데 어느새 기대감도 사라지고 습관적으로 기도하는 교인들도 있을 것입니다. 그런데도 중단하지 않고 지금까지 계속 기도해온 것이 너무 감사합니다. 온 교회가 함께 기도하고 있음이 감사한 것입니다. 하나님께서 계속해서 이 기도를 시키고 계십니다.

모라비안 공동체가 '골든 썸머'라는 강력한 주님의 임재를 체험하는 부흥을 경험했습니다. 그로 인한 열매 중에 하나가 전 세계 열방의 선교를 위해서 '한 시간 중보기도'를 무려 1백 년 동안이나 이어간 것입니다. 그 후 모라비안 공동체의 시험과 갈등이 사라졌으며 그들은 '하나님의 행복한 백성들'이라 불렸습니다. 이 중보기도의 열매로 영국의 부흥, 미국의 영적 대각성 운동에 불이 붙었으며 세계 선교의 문이 활짝 열렸습니다. 1832년 7월, 한국 최초의 선교사 중에 한 분인 귀츨라프 선교사님이 서해안을 통해 들어오게 되는데 이분이 모라비안 교도들이 보낸 선교사입니다. 하나님께서 기뻐하시는 기도에는 엄청난 힘이 있습니다.

하나님이 기뻐하시는 것이 무엇인지 생각하지 않고 사는 사람은 하나님의 나라를 위한 기도, 민족을 위한 기도, 한국 교회를 위한 기도를 하지 못합니다. 당장 급하지도 않고 자신의 문제라고 여겨지지도 않으니 안 하는 것입니다. 그렇다면 하나님께서 하나님의 나라를 위하여 기도하는 사람과 교회를 어떻게 보시겠습니까? "네가 겪는 문제도 많은데, 너는 먼저 하나님의 나라를 위해서 기도하는구나" 하시지 않겠습니까? 그래서 주님께서 "너희는 먼저 그의 나라와 그의 의를 구하라 그리하면 이 모든 것을 너희에게 더하시리라"(마 6:33)라고 말씀하신 것입니다. 그러니까 여러분, 이 엄청난 약속을 진짜 믿고 붙잡아야 합니다.

기도한 사람이 누리는 기쁨이 있다

저는 임현수 목사님이 북한에서 석방되기 전에는 목사님을 만나본 적이 없었습니다. 그저 북한에서 많은 사역을 하셨다는 소문만 들었습니다. 그런데 어느 날 북한에 억류되어 종신형 판결을 받고, 수용소에 갇혀 있다는 소식을 듣고 그분을 위해서 기도해야겠다는 마음이 들었습니다.

그런데 이렇게 기도해서는 안 된다는 것을 깨달았습니다. '만약 내가 그 분처럼 북한에 억류되었다면, 나는 한국 교회가 나를 위해 어떻게 기도해주기를 바랄까?' 생각하니 제가 드리는 기도는 합당한 기도가 아니라는 생각이 들었습니다. 전심으로 기도하지 않았다는 생각에 너무 죄송했습니다. 나중에 임현수 목사님을 만나게 될 텐데 그때 기도해줘서 감사하다고 하시면 얼마나 부끄러울까 생각하니 눈물이 났습니다.

그때부터 마치 제가 억류된 사람인 것처럼 전심으로 기도하기 시작했습니다. 매일합심기도에도 임현수 목사님을 위한 기도 제목을 빠트리지 않았습니다. 그런데 임현수 목사님이 석방되었고 임현수 목사님을 만나 얼싸안고 기뻐하게 되었습니다. 하나님의 나라를 위하여 기도한 사람이 어떤 기쁨을 누리게 될지를 깨달았습니다. 기도한 사람만 누리는 기쁨이 있는 것입니다. 임현수 목사님이 석방된 것이 기쁜 일이지만 그 분을 위해서 한 번도 기도한 적이 없는 사람은 속으로 얼마나 미안하겠습니까?

하나님의 나라도 마찬가지입니다. 하나님의 나라는 이미

우리 안에 와 있습니다. 이 땅에 반드시 하나님의 나라가 임합니다. 주님이 재림해 오실 것입니다. 그때 하나님의 나라를 위해서 기도하지 않은 사람은, 주님을 어떻게 만날 것입니까? 그제야 하나님의 나라를 위해서 기도하는 것이 중요하다고 깨달으면 무슨 소용이 있겠습니까?

지금 하나님의 나라를 위해서, 우리 민족을 위해서, 우리나라를 위해서, 한국 교회를 위해서 교인들과 기도 제목을 나누고 기도한 것이 축복입니다. 우리가 사는 날 동안 어떤 응답을 보지 못하더라도 상관없습니다. 주님이 다시 오시는 날 하나님의 나라를 위해서 기도했다는 사실만 가지고도 우리는 너무 기쁘고 행복할 것입니다.

하나님이 주시는 소원으로 기도하라

하나님의 나라를 위한 매일합심기도 제목을 교인들과 나누며 깨달은 것은 주님께서 직접 우리 안에 하나님의 나라를 위한 소원을 주시고 기도하게 하신다는 것입니다.

너희 안에서 행하시는 이는 하나님이시니 자기의 기쁘신 뜻을 위하여 너희에게 소원을 두고 행하게 하시나니 빌 2:13

모세는 자기동족 이스라엘 백성이 종살이하는 것을 도저히 참을 수 없었습니다. 다윗은 소년이라도 골리앗이 하나님을 모욕하는 것을 도저히 참을 수 없었습니다. 느헤미야는 예루살렘 성벽이 허물어지고 성문이 불탔다는 소식에 주저앉아 울었습니다. 에스더는 하나님의 백성이 미치광이의 계략에 멸절되는 것을 지켜만 보고 있을 수 없었습니다. 사도 바울은 이방인들이 예수님의 복음을 알지 못하고 죽어가는 것을 보고만 있을 수 없었습니다. 이것이 복이었습니다. 그들의 마음은 모두 하나님이 주신 마음입니다. 그 까닭에 하나님께서 그들을 쓰신 것입니다.

여러분, 우리가 우리 안에 소원을 주시는 하나님의 마음을 붙잡고 기도해야 합니다. 여러분 안에 개인적인 마음의 소원이 있고, 하나님이 주신 소원도 있습니다. 하나님은 자신의 기쁘신 뜻을 위하여 우리에게 소원을 두고 행하게 하십니다. 어떤 처지에 있든지 그 기도 제목을 놓치지 마시기 바랍니다. 특별히 어려운 처지에 있더라도 입에서 하나님이 기뻐하시는 기도가 나온다면 그것은 정말 축복입니다. 오늘 그렇게 되시기를 바랍니다.

주님을 기쁘시게 하는 기도

1 하나님의 나라를 보는 눈을 더욱 열어주셔서 하나님의 나라 백성으로 살게 하소서.

2 하나님의 나라를 위하여 기도하다가 하나님의 나라를 맞이하게 하소서.

3 이 세상에 사는 하나님의 나라 백성을 보게 하시고 거룩한 연합을 이루게 하소서.

08

하나님께서는
완전한 순종을 기뻐하신다

완전한 순종으로 주님께 다 맡겨버리는 것이야말로 가장 안전하고, 편안하고, 강력한 삶입니다. 이것을 모르니까 주저하는 것입니다.

예전에 두 다리가 절단되어 의족을 하신 분이 집회에 참석한 후 기도를 받으러 나오신 적이 있었습니다. 불의의 사고로 두 다리를 절단할 수밖에 없었다는 그분의 기도 카드에는 "죽음 가운데 살려주신 하나님께 감사하면서도, 그때 왜 저를 온전히 지켜주시지 않았는지 원망의 마음이 있습니다. 감사할 수 있는 마음을 갖도록 기도해주세요. 기쁨과 성령충만을 허락해주세요." 이렇게 쓰여 있었습니다.

그 분 머리에 손을 얹고 기도하려 하니 눈물이 났습니다. 그 분의 심정이 마음에 와닿는 것 같았습니다. 정말 간절히 성령께 구했습니다. "성령님만 하실 수 있습니다. 주님을 인격적으로 만나고, 하나님의 나라를 보게 하소서. 예수님이 재림하실 때 온전한 몸으로 회복된다는 것을 알게 하시고 또 믿게 해주소서."

하나님께서는 그 분의 다리를 온전하게 고치실 수 있습니다. 성경에 나면서부터 걷지 못했던 사람도 나사렛 예수의 이름으로 벌떡 일어났습니다. 기독교 역사상 그런 기적이 일어났다는 기록도 있습니다. 그러나 우리의 영적인 눈이 열려 예수님이 우리와 함께 계신 것을 알게 되고, 하나님의 나라를 바라보게 되고, 주님께서 재림하실 때 우리의 육신과 영이 온전해진다는 사실이 믿어지면 "이거 고쳐주세요", "저거 해결해주세요", "하나님은 왜 속히 응답하지 않으시나요?"라는 답답함, 조급함, 낙심이 다 사라지게 됩니다.

사도 바울도 육체의 가시가 있어 세 번이나 고쳐달라고 간청했습니다. 그때 하나님께서 "내 은혜가 네게 족하다. 내 능력은 약한 데서 온전해진다"라고 응답하셨습니다. 그 후 바울 역시 더 이상 고쳐달라고 기도하지 않았습니다. 왜냐하면 완전한 답을 얻었기 때문입니다. 오히려 자기의 약한 것을 기뻐하고 자랑했습니다.

영적인 눈이 뜨이고 나면 조급함, 낙심, 좌절, 원망이 바뀌게 됩니다. 함께하시는 예수님이 정말 믿어지고 주님을 바라보게 되면, 마음의 갈망도 달라지고, 진정한 만족과 감사의 제목도 바뀝니다. 영적인 눈이 뜨이지 않았으니까 엉뚱한 것을 붙잡고 안달하고, 조급하고 좌절하는 것입니다.

하나님의 성령을 근심하게 하지 말라

어느 분이 저에게 메일을 보내셨는데 요즘 기도하다보면 가끔 무의식적으로 하나님에 대한 욕이 나온다는 것입니다. 즉시 회개하지만 자신이 구원받지 못하는 것은 아닌지 잠을 이루지 못한다고 했습니다. 갑자기 자신의 입에서 하나님을 향한 욕이 나온다니 얼마나 난감했겠습니까? 그런데 주목해야 할 것은 그때마다 즉시 하나님께 회개한다는 것입니다. 그것을 놓치지 말아야 합니다.

지금 세상에는 하나님을 욕하는 사람들이 많습니다. 정말 악한 세상이 되었음을 느낍니다. 그런데 하나님을 욕한 사람 중에서 즉시 회개하는 사람이 얼마나 되겠습니까? 이분처럼 상담 메일까지 보내는 사람도 거의 없을 것입니다. 지금 이분에게 주목해야 할 것은 하나님을 욕하게 된다는 무서운 일만이 아닙니다. 그런데도 여전히 그 분 안에서 성령이 역사하신다는 것입니다. 이것을 '성령의 근심'이라고 합니다.

> 하나님의 성령을 근심하게 하지 말라 그 안에서 너희가 구원의 날까지 인치심을 받았느니라 엡 4:30

성령의 근심이 있다는 것은 성령께서 떠나지 않고 여전히 계신다는 증거입니다. 성령이 마음에 계신다면 그는 영생을 소유하고 있는 사람입니다. 그것을 주목해야 합니다. 그래서 그 분에게 메일을 보냈습니다. "당신이 하나님을 욕하고 있지만 즉시 회개할 마음이 들고 목회자에게 상담 메일까지 보내는 것은 당신 안에 성령께서 여전히 역사하고 있다는 증거입니다. 그러니 또다시 그런 일이 벌어지면 이제는 의심하지 말고 마귀가 주는 충동에 대하여 단호히 거절하고 대적하시기 바랍니다. '사탄아, 예수님의 이름으로 명하니 하나님을 욕하게 하는 영은 내게서 떠나가라' 이렇게 담대히 외치세요. 그리고 성령께서 감동을 주시는 대로 '하나님, 제가 더 이상 입으로 하나님을 욕하기를 원하지 않습니다. 하나님을 찬양하고 하나님을 증거하는 삶을 살기 원합니다. 하나님, 사랑합니다. 제 마음을 지켜주세요'라고 기도하시면 됩니다."

우리 안에 성령께서 계신다는 것은 정말 놀라운 일입니다. 그 사실을 절대로 작게 생각하면 안 됩니다. 성령께서 내 안에 역사하고 계신다는 것을 분명히 알고 나면, 마귀가 더 이상 우리를 넘어뜨리지 못합니다. 비록 성령이 근심할지언정 그 안에서 역사하고 계시기 때문입니다. 자신이 얼마나 놀라운 은혜 속에 살고 있는지를 알게 되면 문제를 헤쳐나갈 힘을 얻게 됩니다.

예수님 안에 거하기를 힘쓰라

그러나 성령의 내주하심으로 만족하면 안 됩니다. 평생 성령을 근심하게 하고 회개하는 일만 반복할 수는 없는 것 아니겠습니까? 자기 안에 성령이 계신 것으로 만족할 것이 아니라 우리가 예수님 안에 거하기를 힘써야 합니다.

> 내 안에 거하라 나도 너희 안에 거하리라 … 요 15:4

예수님께서 이것을 정말 기뻐하십니다. 하나님께서 우리가 성령을 받은 것도 기뻐하시지만, 우리가 예수님 안에 거하는 것을 더욱 기뻐하십니다. 우리가 예수님 안에 거한다는 것은 이제는 예수님께 자신을 완전히 드리는 것입니다. 예수님 마음대로 살게 된다는 뜻입니다. 나의 계획, 의지, 결정을 포기하는 것입니다. 자기열심이 없다는 것입니다. 주님 마음대로, 주님 가는 대로, 주님 하는 대로, 주님 원하는 대로 사는 것입니다. 곧 완전한 예수님과 하나 되어 사는 것이고, 그것은 완전한 순종을 결심하는 것입니다.

안타까운 것은 이처럼 예수님과 하나가 되고, 예수님에게 완전히 복종하는 것을 두려워하는 성도들이 많다는 것입니다. 그것은 너무 힘든 일이라고 생각합니다. 그렇지 않습니다. 우리가 완전한 순종으로 주님께 우리의 삶을 다 맡겨버리는 것이야말로 가장 안전하고, 가장 평안하고, 가장 강력한 삶입니다. 얼마나 좋은지 모르니까 예수님 안에 온전히 거하는 것을 주저하는 것입니다. 그 결과 예수를 믿는지 안 믿는지 확실하지 않은 애매한 상태에서 사는 것입니다.

여러분, 잠수함과 물고기, 어느 것이 더 강한 것 같습니까? 얼핏 보면 잠수함이 훨씬 견고한 것 같습니다. 그런데 아무리 강한 잠수함이라 할지라도 바닷속으로 너무 깊이 내려가면 엄청난 수압을 견디지 못해 터져버립니다. 하지만 그 깊은 바닷속에 사는 물고기가 있습니다. 아주 연약해 보이는 물고기가 잠수함도 견디지 못하는 수압을 견디며 사는 것입니다.

우리도 어려움이 많아서, 고난이 심해서 무너지는 것이 아닙니다. 우리가 약하지만 물고기처럼 강해질 수 있는 조건은 하나입니다. 바로 예수님과 연합하는 것입니다. 그래서 예수님께서 "내 안에 거하라 나도 너희 안에 거하리라"라고 하신 것입니다. 그것이 우리가 살길입니다. 우리가 영적 전쟁에서 이길 수 있는 힘 역시 예수님과의 연합입니다. 우리가 예수님과 함께 십자가에 죽고 부활의 주님으로 살게 하시는 이유는 그것만이 세상을 이기는 길이기 때문입니다.

내 안에 거하라 나도 너희 안에 거하리라 가지가 포도나무에 붙어 있지 아니하면 스스로 열매를 맺을 수 없음 같이 너희도 내 안에 있지 아니하면 그러하리라 나는 포도나무요 너희는 가지라 그가 내 안에, 내가 그 안에 거하면 사람이 열매를 많이 맺나니 나를 떠나서는 너희가 아무것도 할 수 없음이라 요 15:4-5

이 길밖에는 없습니다. 그러니 예수님 안에 거하는 것을 우리가 해도 되고 안 해도 되는 것으로 생각하면 안 됩니다. 아무리 힘들고 어려운 일이 있어도 주님이 함께 계시는 것이 믿어지고, 주님을 바라보게 되고, 주님의 음성을 듣게 되면 얼마든지 참고 이겨나갈 수 있습니다.

하나님의 사람들이 다 그렇게 이겨냈습니다. 이제는 끝내고 싶고 더 이상 참을 수 없을 것 같던 마음이 사라집니다. 마음에 쉼을 얻고 오히려 고난에 동참할 수 있게 하신 예수님께 감사하게 됩니다. 그러려면 주님을 바라보는 눈이 뜨여야 하고 주님의 음성을 듣는 귀가 열려야 합니다.

오직 순종밖에 할 수 없을 때 원수도 사랑할 수 있다
한번은 어느 집회에서 '원수도 사랑하라'라는 주제로 설교하였습니다. 그 설교를 할 때마다 마음이 뜨거워지는 것을 경험합니다. 그런데 설교를 마치고 강단에서 내려오는데 순간 '정말 원수도 사랑하는 것이 가능한가?'라는 생각이 들었습니다. 숙소에 들어와서도 '내가 오늘 교인들에게 너무 무리한 말씀을 전한 것은 아닌가? 너무 원칙만 말한 것은 아닌가?' 하는 생각이 들었습니다. 그날 새벽 1시 반쯤 잠에서 깼습니다. 계속해서 '정말 원수도 사랑할 수 있나?' 하는 생각을 해서 그런지 잠에서 깬 순간에도 그 생각이 났습니다.

그러자 정신이 점점 맑아졌습니다. 그런데 그때 참 신기한 경험을 했습니다. 저에게 원수 같은 사람이 있지 않았지만, 원수가 있으면 어떤 심정인지, 원수로 인하여 겪게 되는 마음의 고통이 어떤 것인지 느껴지는 것입니다. 얼마나 가슴이 떨리고 두려웠는지 모릅니다. 원수로 인한 고통을 견디기만 해도 이렇게 힘들고 고통스러운데, 그 원수를 사랑까지 해야 한다니 숨을 쉴 수 없었습니다. 불가능한 일이었습니다. 어떻게 원수도 사랑할 수 있는지 답답해져서 새벽에 교인들에게 나가 "어제 설교는 제가 뭘 모르고 말했습니다" 이렇게라도 말해야 할 것 같은 느낌이 들었습니다.

그때 주님께서 저에게 말씀하셨습니다. "원수 같은 사람을 만날 때마다 고민하고 순종하려면 불가능하다. 먼저 완전한 순종을 결단하고 살아야 한다." 저는 자리에서 일어나지 않을 수 없었습니다. 너무나 선명한 그 말씀을 기록해야만 했기 때문입니다. 그 말씀은 원수가 생기고 나서 원수를 사랑하려면 우리는 도저히 사랑할 수 없다는 것입니다. 원수도 사랑하라는 말씀은 우리의 노력으로는 순종할 수 없습니다. 원수도 사랑할 수 있으려면 예수님 안에 거함으로 예수님께 자신을 완전히 맡긴 사람, 곧 나는 죽고 예수로 살아 예수님과 온전히 하나가 된 사람, 그래서 무슨 일을 만나든지 누구를 대하든지 오직 순종밖에 할 수 없을 때 가능하다는 것입니다.

주님 안에 거하는 사람을 만나는 복

하나님께서는 우리가 예수님 안에 거하는 것을 기뻐하십니다. 정말 너무 기뻐하십니다. 왜냐하면 그 사람만이 하나님 뜻대로 살 수 있기 때문입니다. 우리가 예수님 안에 거하지 않으면 영적으로 너무 무기력하고 말할 수 없이 위험한 삶을 살게 됩니다.

십자가의 속죄의 은혜를 깨달았을 때 우리는 너무 감격하지만 얼마 못 가 시들해집니다. 성령의 불 체험을 했을 때 세상이 완전히 달라 보이지만 역시 시간이 지나면 식어집니다.

십자가에서 나도 죽었음을 깨닫고 이제 십자가의 복음을 깨달았구나 싶었는데 어느 순간 '나 안 죽었나봐?'라는 기막힌 시험과 좌절이 찾아옵니다.

왜 그렇습니까? 십자가의 속죄의 은혜, 성령의 체험, 나는 죽고 예수로 사는 십자가의 복음을 깨달아도 예수님 안에 거하지 않으면 아무 열매도 맺을 수 없다는 것입니다. 예수님 안에 거하지 못하면 성경을 많이 알아도 성경 말씀대로 살아지지 않습니다. 하나님의 나라, 영생, 천국에 대해서 분명히 알아도 성질 하나 바뀌지 않습니다. 수시로 지치고 시험에 듭니다. 이것이 우리가 실제로 경험하는 일입니다. 우리가 원인을 정확히 알아야 합니다. 예수님 안에 거하지 않으니 그렇게 사는 것입니다. 예수님 안에 거하지 않으니 메말라지는 것입니다.

사람이 내 안에 거하지 아니하면 가지처럼 밖에 버려져 마르나니 사람들이 그것을 모아다가 불에 던져 사르느니라 요 15:6

그런데 우리가 주님 안에 거하면 주위 사람들이 다 힘을 얻습니다. 어떤 사람은 만나는 것만으로도 은혜가 되는 사람이 있습니다. 잠깐의 대화만으로도 마음이 시원해지는 사람이 있습니다. 그 사람이 하는 말을 듣기만 해도 기도하고 싶어지고, 성경을 보고 싶어지고, 모든 죄를 다 회개하고 싶고, 성령의 충만한 삶을 살고 싶어지게 하는 사람이 있습니다.

그 사람이 '주님 안에 거하는 사람'입니다. 주님 안에 거하는 사람을 만나면 영적으로 엄청난 힘을 얻습니다. 예수님께서 그 사람을 통하여 우리를 만나시기 때문입니다. 그러니 우리가 가족들을 위해서 해줄 수 있는 최고의 섬김은 주님 안에 거하는 것입니다. 우리가 주님 안에 거하면 남편이나 아내, 부모님과 자녀들이 영적으로 힘을 얻습니다. 교회 공동체가 은혜를 받습니다. '나도 저분처럼 주님과 동행해야겠다'라는 마음이 생깁니다. 또 주위에 예수 믿고 싶어하는 사람들이 계속 생겨납니다. 이렇게 간단한 전도 방법이 있는 것입니다. 그러니 우리가 주님 안에 거하는 것을 하나님께서 정말 기뻐하시는 것입니다.

주님의 역사를 경험하는 순종의 사람들

우리가 함께 계시는 주님의 역사를 생생히 경험하는 길은 순종에 있습니다. 예수님 안에 거하며 온전히 순종할 때 반드시 하나님의 역사를 경험하게 됩니다.

우리는 이 일에 증인이요 하나님이 자기에게 순종하는 사람들에게 주신 성령도 그러하니라 하더라 행 5:32

초대교회 사도들은 순종하며 복음을 전했습니다. 그 때문에 붙들려가고 매맞고 옥에 갇혔습니다. 그러나 그러면서 매 순간 성령의 역사를 체험했습니다. 고난당하는 것은 고통스럽지만 성령의 역사를 경험하는 것은 어떤 고통보다 놀랍고 기쁜 일이었습니다. 고난당하는 것이 아무렇지 않게 여겨질 정도였습니다. 그렇습니다. 성령의 역사가 없으면 고난을 감당할 수 있는 사람이 없습니다. 우리가 주님께 순종하면 겪어야 할 어려움이 있지만, 그와 비교할 수 없이 놀라운 성령의 역사도 경험하게 됩니다. 그래서 '고난을 이기는 증인'이 되는 것입니다.

자신을 주님께 완전히 드려 순종할 결단을 꼭 해보기 바랍니다. "주님, 앞으로 어떤 일을 겪을지, 어떤 일을 만날지 모르지만, 저는 어떤 상황에서도 주님께 순종합니다. 주님께 저를 이미 드렸으니 주님이 하라는 대로, 주님이 가시는 대로 온전히 순종합니다." 예수님께 완전한 순종을 결단하는 것이 진정으로 예수님을 영접하는 것입니다.

주님 안에 온전히 거하지 못하는 상태의 그리스도인

오래전 캐나다 몬트리올에 집회를 갔을 때입니다. 그날 저녁 집회 때, 말씀을 전한 후 기도를 받으려는 교인들이 많아 거의 자정이 될 때까지 안수기도가 이어졌습니다. 그 교회 집사님 한 분이 옆에서 기도 받으러 나오는 교인들을 도와주었습니다. 안수기도를 하며 그 집사님이 지혜롭게 기도 사역을 도우시는 것을 보았습니다. 안수기도를 다 마쳤을 때, 그 집사님이 "목사님, 저도 기도해주세요"라고 하셔서 당연히 기도해드려야겠다는 마음이 들었습니다.

집사님이 강단 앞에 나와 무릎을 꿇었고 그 머리에 손을 얹었는데, 갑자기 성령께서 제 마음에 강하게 "왜 나를 의심하느냐, 왜 나를 의심하느냐"라는 마음을 주셨습니다. 무슨 이유인지, 무슨 사정인지 모르지만 성령의 감동대로 대언하자 집사님이 통곡하며 우는 것입니다. 그 집사님이 열심히 교회는 잘 섬겼지만, 주님과의 사이에 해결되지 않은 무엇이 있는 것 같았습니다. 자세한 사정은 알지 못했지만, 펑펑 우는 집사님과 주님 사이에 막힌 것이 풀어지고, 집사님이 주님 안에서 온전히 순종하게 되기를 기도하였습니다.

이처럼 많은 그리스도인들에게 주님께 완전히 순종하지 못하는 선이 있습니다. 여기까지는 할 수 있지만 그 이상은 못하는 것입니다. 주님을 안 믿는 것은 아니지만 주님께 온전히 순종하지 못하는 선이 있다면 주님 안에 거하지 않고 있는 것입니다. 주님이 너무 지나치게 말씀하신다고 생각되면 도망갈 여지를 남겨두고 있는 것입니다. 그것 때문에 하나님의 은혜를 온전히 누리지 못하는 것입니다.

저에게는 양아버지가 계셨습니다. 얼마 전에 소천하셨는데, 위로 두 분의 형님과 누이가 계셨으나 모두 폐결핵으로 세상을 떠나셨습니다. 아버님은 6.25 전쟁 때 인민군에 징집되었다가 포로가 되어 반공 포로 석방으로 풀려나 부산에서 사업을 크게 하였습니다. 그런데 어느 날 갑자기 폐결핵 진단을 받았습니다. '이제 죽겠구나' 하는 마음에 모든 것을 정리하고 서울로 올라가 자포자기하듯 매일 영화를 보며 지냈습니다.

그러던 어느 날 한 부흥회에 참석하였는데, 강사님이 병든 자를 위하여 안수하겠다는 말을 듣고 나가 안수를 받았습니다. 그때 강사님이 이 병이 죄로 인하여 온 것이라는 말을 듣고 회개가 터졌습니다. 결혼하기 전에 지은 모든 죄를 다 토하며 회개하였습니다. 어머니에게도 고백하고 교회 담임목사님에게도 고백하였습니다. 그러자 기도의 능력이 임하고 폐결핵이 깨끗하게 고쳐지는 은혜를 받았습니다. 그 후 기도원을 세우고 중보기도 사역을 하시다가 미국으로 이민 가서 목사

안수도 받으셨습니다.

양아버지처럼 예수님을 믿는 것 같아도 예수님 안에 온전히 거하지 못하는 상태에 있는 그리스도인들이 참 많습니다. 그래서 하나님의 은혜의 역사가 삶 속에 온전히 드러나지 않는 것입니다. 예수님께서 "내 안에 거하라"고 말씀하시는 데는 다 이유가 있는 것입니다.

내 삶이 안 바뀌는 이유

이제는 주님 안에 거하고, 예수님께서 매일매일의 삶을 이끌어 가시도록 순종해야 합니다. 우리의 하루는 예수님이 연출하시고, 예수님이 주인공이 되시는 예수님의 극장입니다. 오늘 하루를 그렇게 살지 못했다면, 내일 아침은 예수님의 극장인 하루가 시작되도록 해야 합니다.

우리가 할 일은 먼저 우리의 하루하루를 기록하는 것입니다. 주님이 주시는 생각, 주님께서 역사하신 일들을 기록해야 합니다. 물론 처음에는 주님의 역사인지 아닌지 헷갈리기도 합니다. 왜냐하면 그동안 그렇게 살아오지 않았기 때문입니다. 처음에는 막연해 보이지만 계속 주님을 바라보며 살다보면 주님의 역사가 점점 더 분명해집니다. 이 일을 계속하기 위하여 매일매일의 기록이 중요한 것입니다. 그러면 주님의 말씀이 점점 더 분명하게 깨달아지고 주님의 역사가 분명히 드러나게 됩니다. 그래서 삶 속에서 주님의 역사를 경험하게 되는 것입니다. 이것이 예수동행일기를 권해드리는 이유입니다. 일기를 쓰되 혼자서만 쓰려고 하지 말고 주님과 동행하려는 사람들과 함께 나누기를 바랍니다. 그렇게 하면 일기 쓰는 것이 흐지부지되지 않고 꾸준히 쓰게 됩니다.

예수동행일기를 나누라고 권면했을 때 처음에는 받아들이지 못했던 교인이 있었습니다. 그 분에게 말했습니다. "집사님의 삶이 왜 안 바뀝니까? 제가 집사님의 집에 가서 같이 산다고 생각해보세요. 그러면 집사님의 생활이 다 바뀔 것입니다. 목사가 와서 살아도 이 정도라면, 예수님이 정말 집사님 안에 계신데 어떻게 삶이 안 바뀔 수가 있겠습니까?" 그 집사님이 제 말을 곰곰이 생각해봤다고 합니다.

'유기성 목사님이 우리 집에 와서 살면 어떤 일이 벌어질까? 우선 집안 청소를 깨끗이 할 것 같고, 집안에서 목소리를 좀 낮출 것 같고, 대충 하던 식사 기도를 좀 오래하게 될 것 같고, 식구들에게 말 한마디를 하더라도 좀 더 따뜻하고 온유하게 말할 것 같고, 가정예배는 반드시 드리게 될 것 같고, 텔레비전을 치우게 될 것 같고, 시간이 나면 성경을 보게 될 것

같고, 목사님이 주무실 방의 이불을 자주 새것으로 바꿀 것 같고….'

이렇게 생각하다보니 정말 생활이 완전히 바뀌게 될 것이 믿어졌다고 했습니다. 목사님만 집에 와서 살아도 생활이 완전히 바뀌는데 그동안 자신의 생활이 안 바뀐 것은 예수님이 마음에 계신 것을 진정으로 믿지 못했기 때문인 것이 깨달아졌습니다. 그리고 정말 예수님이 자기 안에 계신 것을 믿고 살기 위하여 일기를 쓰고, 계속 쓰기 위하여 일기를 나누기로 결단하였습니다.

예수님 안에 거하는 삶을 살려면 우리가 결단해야 할 일이 있습니다. 주님은 이미 주님이 하실 일을 다 하셨습니다. 성육신 하셨고, 십자가에서 죽으셨고, 부활하셨고, 승천하셨고, 우리 마음에 임하셨습니다. 그 이상 무엇을 더 하실 것이 있겠습니까? 그런데 사람들마다 예수님과의 관계에 차이가 있는 것은 주님 안에 거하고 주님만 바라보며 살고자 하는 결단이 다른 것입니다. "나는 죽었습니다"라고 고백하는 것은 아무것도 하지 않는 것이 아닙니다. 이제는 내 의지가 아니라 주님의 의지로 사는 것입니다. 내 감정으로 살지 않고 주님의 감정으로 사는 것입니다. 내 경험으로 살지 않고 주님께 항상 묻는 자세로 사는 것입니다. 그러면 삶이 완전히 달라집니다.

완전한 순종을 결단할 때 벌어지는 일

부동산업을 하는 교우가 한동안 분양이 안 되어 힘든 시기를 보내고 있었습니다. 그때 새벽마다 교회에 나와 "하나님, 이 집들이 분양되게 해주세요. 빨리 해결되게 해주세요"라며 조르는 기도를 하였는데, 기도하다가 말씀을 받았습니다. "성공을 위해 구하지 말고 의롭게 사는 것을 위해 구하라." 그 말씀에 충격을 받았습니다. 그동안 자신이 정말 "돈돈" 하며 살아왔음을 깨닫고 회개하였는데, 갑자기 분양이 안 되는 집을 한국에 안식년으로 오신 선교사님들에게 제공하고 싶다는 생각이 들었습니다. 어려서부터 선교에 대한 부담이 있었지만, 자신의 일이 선교와는 상관없는 일이라 생각하고 살았는데 이렇게 선교에 동참할 수 있다는 생각이 든 것입니다. 주님의 역사였습니다. 그래서 선교사님들을 위해 집을 내놓았고 많은 선교사님들이 큰 도움을 받았습니다.

완전한 순종을 결단하면 염려가 없어집니다. 두려움도 없어집니다. 불만도 없어집니다. 감사뿐이고, 기쁨과 사랑이 넘쳐납니다. 매 순간 하나님을 찬양하고 싶어집니다. 예수님의 복음만 전하고 싶어집니다. 나라와 도시와 민족을 향해 기도하는 마음이 불타는 것 같습니다. 이렇게 성령께서 역사하시고 은혜의 강이 터지기 시작하는 것입니다.

네가 나를 더 써다오!

안정규 선교사님은 케냐의 선교사로 시각장애인이십니다. 그 선교사님이 아프리카를 뒤집겠다는 마음으로 선교하러 갔는데, 자기가 뒤집어졌다고 했습니다. 하나님께 "하나님, 나를 써주세요" 이렇게 기도했는데 하나님께서는 "네가 나를 써라"라고 하신답니다. 그래서 "하나님, 제가 어떻게 하나님을 쓰나요?"라고 기도할 때 완전한 순종이 그 방법이라는 것을 깨달았습니다. 자신이 하나님께 완전히 순종하는 자가 되면, 자신이 하나님을 쓸 수 있는 자가 되는 것입니다. 주인이 종에게 모든 집의 열쇠를 맡길 때는 조건이 하나입니다. 바로 '완전한 순종'입니다. 그런 종이라면 열쇠를 맡길 수 있는 것입니다. 그때부터 안정규 선교사님은 케냐에서 엄청난 사역의 열매를 보게 됩니다.

그런데 안타까운 것은 한국에 와서 교회를 찾아가 선교 보고를 하면, 교인들이 자기가 아프리카에서 경험했던 하나님에 대해서 집중하지 않고, 자신이 시각장애인이라는 사실만 주목하고 불쌍히 여겨 운다는 것이었습니다. 그래서 "제발 나를 불쌍하게 여기지 마십시오. 나, 행복합니다. 나, 고생 안 합니다. 즐겁습니다. 여러분이 나를 불쌍하게 생각하는 것이 너무 안타깝습니다. 눈이 안 보이는 게 그렇게 불쌍합니까? 눈이 보이고 안 보이는 것보다 더 중요한 것은 영적인 세계를 볼 수 있는 눈이 뜨였느냐 뜨이지 않았느냐입니다. 육신의 눈은 아무 상관이 없습니다. 중요한 것은 진정한 생명을 얻고 하나님나라의 영광을 경험하는 일입니다. 돈은 그런 일에 전혀 도움이 안 되고 방해만 될 뿐입니다. 우리가 정말 놓치지 말아야 하는 것은 주님이십니다"라고 전하는 선교사님의 말씀을 들으며 성령의 깊은 감동이 있었습니다. 이것이 주님 안에 온전히 거하는 자가 갖는 영적인 힘입니다.

주님이 우리에게 정말 원하시는 것이 있습니다. 코로나19만 아니라 경제적인 문제, 가정 문제, 건강 문제, 별의별 문제들이 많지만, 주님이 우리에게 원하는 것은 오직 주님 안에 거하는 것입니다. 우리 자신을 주님께 완전히 맡기는 것입니다. 형편을 보고 그때그때 순종할 것인가 말 것인가 고민하는 것이 아니라 오직 순종만 하면 살겠다는 것입니다. 어떤 상황, 어떤 문제를 만나도 순종하겠다고 말하는 것입니다. 그다음부터는 하나님께서 역사하십니다. 하나님이 증인으로 쓰십니다.

주님 안에 거하는 것이 가장 쉬운 길이고, 가장 편안하고, 가장 강하고, 가장 충만한 삶입니다. 앞으로 무슨 일이 있어도 "주 예수님께 완전히 순종하겠습니다" 이렇게 결단하고 살기를 축복합니다.

주님을 기쁘시게 하는 기도

1 불행하다 힘들다 속단하지 말고 주님을 보고 하나님의 나라를 보게 하소서.

2 예수님 안에 저 자신을 다 드립니다. 완전히 순종만 하며 살게 하소서.

3 순종의 걸음마다 주님을 더 알게 하시고 주님께서 하신 일만 더욱 중거하게 하소서.

하나님께
소망을 두는 자를 기뻐하신다

예수 그리스도께서 우리가 어떤 처지, 어떤 형편에 있든지 하나님을 의지할 수 있는 복을 주셨습니다. 그러니 염려하거나 두려워하지 말고 마음에 평안을 누리기를 바랍니다.

우리가 하나님께 "좋은 날, 편안한 날을 주세요", "문제가 해결되게만 해주세요" 이렇게 기도하면 하나님이 응답하실 수가 없습니다. 왜냐하면 지금은 하나님의 나라가 이루어진 때가 아니니 좋은 일, 편한 일만 있을 수가 없기 때문입니다. 마귀는 어떻게 해서든지 성도들을 시험하여 무너뜨리려 하고, 사람들을 죄로 사로잡아 영원한 파멸로 끌어가려고 하는데, 그런 일이 없기만을 바란다면 하나님이 어떻게 응답하시겠습니까?

그러니 시험되는 일도 있고, 낙심되는 일도 있고, 때로는 견딜 수 없는 어려움도 닥쳐올 것입니다. 우리가 이를 각오해야 합니다. 우리가 할 일은 무슨 일이 일어도, 아무리 상황이 나빠져도 오직 한 가지 원칙을 분명히 하는 것입니다. 그것은 하나님께서 기뻐하시는 일이 무엇인지 구하고, 하나님께서 기뻐하시는 일만 하는 것입니다. 그러면 반드시 그렇게 하기를 정말 잘했고 그것이 길이었음을 깨닫게 됩니다.

하나님이 좋아하는 사람

하나님께서 어떤 사람을 기뻐하실까요? 하나님께서 공부 잘
하는 사람을 좋아하신다면 좌절할 사람이 많을 것입니다. 하
나님께서 좋은 가문의 사람들만 좋아하신다면 절망할 사람이
많을 것입니다. 하나님께서 인물을 따지신다면 감히 나설 수
있는 사람이 많지 않을 것입니다.

  그런데 감사하게도 하나님은 똑똑하고 공부 잘하는 사람,
집안 내력이 좋은 사람, 인물이 좋은 사람을 기뻐하지 않으십
니다. 하나님만을 경외하고, 하나님의 사랑을 믿는 사람을 기
뻐하십니다. 이 일은 누구든지 할 수 있기 때문에 너무나 감
사하고 기쁜 일입니다.

  주님은 힘센 준마를 좋아하지 않으시고, 빨리 달리는 힘센 다리
  를 가진 사람도 반기지 아니하신다. 시 147:10 새번역

  여기서 힘센 준마란 전쟁터를 빨리 달리는 말을 의미합니
다. 빨리 달리는 힘센 다리를 가진 사람이란 강하게 훈련된 병

사를 말합니다. 무슨 뜻이냐면 전쟁터에서 전차를 끄는 말들 그리고 잘 훈련된 병사들이 얼마나 소중합니까? 사방이 적으로 둘러싸인 이스라엘에게는 전쟁터에서 용맹하게 전쟁할 수 있는 그들이 가장 의지가 될 존재일 것입니다. 그러나 하나님 께서는 그렇지 않다는 것입니다. 하나님이 기뻐하시는 것은 우리의 생각과 매우 다릅니다. 오직 하나님을 경외하고 하나 님의 한결같은 사랑을 기다리는 사람을 기뻐하십니다.

> 주님은 오직 당신을 경외하는 사람과 당신의 한결같은 사랑을 기 다리는 사람을 좋아하신다. 시 147:11 새번역

저는 이 말씀이 너무나 좋습니다. 오직 주님을 경외하고 한 결같은 사랑을 기다리는 일은 제가 얼마든지 할 수 있지 않 습니까? 힘들고 어렵고 혼란스러울 때에도 진정 하나님을 경 외하며 하나님의 인자하심을 바라는 마음을 가진 사람, 어떤 상황에서도 하나님께 소망을 두고, 하나님만 의지하는 사람 을 하나님께서 기뻐하십니다. 결국 그것이 답이었다는 사실 을 알게 됩니다.

제가 설교의 열등감으로 방황할 때 저를 구원해주신 말씀이 고린도전서 1장 27-29절 말씀이었습니다.

> 그러나 하나님께서 세상의 미련한 것들을 택하사 지혜 있는 자들을 부끄럽게 하려 하시고 세상의 약한 것들을 택하사 강한 것들을 부끄럽게 하려 하시며 하나님께서 세상의 천한 것들과 멸시받는 것들과 없는 것들을 택하사 있는 것들을 폐하려 하시나니 이는 아무 육체도 하나님 앞에서 자랑하지 못하게 하려 하심이라
>
> 고전 1:27-29

제가 이 말씀을 믿겠다고 고백하기까지 3일이 걸렸습니다. "주님, 이 말씀을 믿겠습니다"라고 고백하는데 통곡이 나왔습니다. 하나님께서 미련한 자, 약한 자, 천한 자, 멸시받는 자, 없는 것들을 일부러 택하여 쓰신다는데 도무지 믿어지지 않았기 때문입니다. 믿어지지 않으니 열등감에 빠져 지낸 것입니다.

그때 제 마음에 '이 말씀은 이해하고 믿을 수 없으며 오직 믿을 것인지 믿지 않을 것인지 결단만 필요하다'는 것이 깨달아졌습니다. 그래서 "믿겠습니다"라고 고백하고 가슴에 성경

책을 끌어안고 너무너무 울었습니다. 성경 말씀을 그대로 믿는다는 것이 이렇게 엄청난 일인 줄 처음 느껴본 순간이었습니다. 말씀을 믿기로 결단한 그 순간, 제가 짊어지고 있었던 열등감의 멍에가 부러지는 것을 느꼈습니다. 너무나 마음이 편안해졌습니다. 항상 열등감 속에 살아왔기 때문에 그것이 그렇게나 무거운 줄 몰랐던 것입니다.

사람은 잘나고 실력 있을 때가 오히려 위기입니다. 자신의 능력을 의지하게 되기 때문입니다. 그것이 위기인 까닭은, 그것은 오직 하나님께만 소망을 두고 하나님만 믿고 의지하는 자가 아니라는 뜻이기 때문입니다. 하나님은 왜 미련하고 약하고 천하고 멸시받는 사람을 택하실까요? 그런 사람은 자기 자신을 믿지 않을 것이기 때문입니다. 자신에게 잘난 것이 없으니 하나님만 의지하게 되는 것입니다.

물론 능력이 없는 사람이라고 자동으로 하나님만 의지하게 되는 것은 아닙니다. 열등감과 수치심, 좌절감 속에서 힘겹게 살아가기도 합니다. 그러니까 하나님의 말씀을 붙잡아야 합니다. "나는 하나님밖에 믿을 수가 없다"는 것이 축복임을 믿고 "하나님께서 나 같은 자를 택하여 쓰신다"라고 담대하게 고백할 수 있어야 합니다. 그렇게 되면 하나님께서 여러분을 통해서 정말 놀라운 일을 하십니다.

제게 비록 말씀을 전하는 은사가 없었지만, 하나님이 약하면 약한 대로, 말을 버벅거리면 버벅거리는 대로, 세련되지 못하면 세련되지 못한 대로 쓰신다는 것을 받아들이고 나니까 말씀을 전하는 일에 한결 마음이 편해졌습니다. 또한 설교 잘한다는 평가를 받고 싶은 마음을 내려놓으니 설교의 중압감에서 구원받은 심정이 되었습니다. 하나님이 원하시는 자는 설교 잘하는 자가 아니라 오직 주님만 바라는 자라고 하시니 그것은 제가 할 수 있겠다고 생각되었습니다.

은혜롭고 좋은 설교자라는 평가?

2014년, 6개월의 안식년을 마무리하면서 예상하지 못한 어려움을 느꼈습니다. 안식년을 마치고 첫 주일 설교를 준비하는데, 나도 모르게 설교하는 감각을 잃어버린 것 같고, 다시 설교를 해야 한다는 것이 무거운 스트레스로 다가온 것입니다. 성도들은 마치 갈멜산의 엘리야처럼 하늘에서 불이 내리는 설교를 듣게 될 것이라 기대하는 것 같아 마음의 부담이 점점 더 커졌습니다. 첫 주일 설교할 날짜가 다가왔지만 성령의 불이 임할 것 같은 설교는 준비되지 못했습니다. 그때의 심정은 정말 어디론가 도망가고 싶을 뿐이었습니다. 차라리 안식년을 보내지 않는 것이 더 좋았겠다는 생각도 들었습니다.

그때 기도하는 중에 주님께서 제게 주신 응답이 있었습니다. "너는 왜 그렇게 설교 잘한다는 말을 듣고 싶어 하느냐?" 깜짝 놀랐습니다. 정말 그것 때문에 괴로워하고 있었기 때문입니다. 교인들로부터 "역시 유기성 목사님의 설교는 너무 은혜로워"라는 말을 듣고 싶은 마음 때문에 그렇게 힘들어하고 있는 것이었습니다. 그래서 "하나님, 은혜롭고 좋은 설교자라는 평가를 받고 싶어 하는 유기성은 죽었습니다"라고 고백하였습니다.

설교자는 하나님이 주시는 말씀을 전할 뿐입니다. 더도 말고 덜도 말고 그것으로 충분합니다. 제가 해야 할 일은 '은혜롭고 좋은 설교자'라고 평가받는 것이 아니라 하나님께서 전하라고 하시는 말씀을 충실하게 전하는 것이었습니다. 그제서야 마음에 요동함이 사라지고 "하나님, 무슨 말씀을 전해야 할지 분명하게 알려주십시오"라고 기도하게 되었습니다. 만약 하나님께서 말씀을 주지 않으시면, 안 전하면 되는 것입니다. 하나님께서 전할 말씀을 주시지 않았는데 제가 어떤 말씀을 전했다면 그것이야말로 큰 죄가 될 것입니다.

사람들이 너희를 끌어다가 넘겨 줄 때에 무슨 말을 할까 미리 염려하지 말고 무엇이든지 그 때에 너희에게 주시는 그 말을 하라 말하는 이는 너희가 아니요 성령이시니라 막13:11

주님이 전할 말씀을 주시면 설교하고 말씀을 주시지 않으면 깨끗하게 설교자의 자리에서 내려오리라 결단하였습니다. 그래서 "주님께서 영감을 주시지 않으면 설교자로서 사역을 내려놓겠습니다. 저를 설교자로 쓰시려고 하면 계속해서 영감을 주실 줄 믿습니다" 하고 기도한 후 말씀을 묵상하면서 주님께서 전할 말씀을 주시기를 기다렸습니다. 그러자 신기하게도 마음의 무거운 짐이 사라졌습니다. 오히려 하나님께서 주실 말씀에 대한 기대감이 생기고, 주시는 말씀을 받을 마음이 확 열리는 것을 경험하였습니다. 이처럼 하나님만 전적으로 의지하면 시험될 것도, 두려울 것도, 문제 될 것도 사라집니다.

이제 누구든지 하나님께로 나아갈 수 있다

우리가 정말 의지할 것은 우리 자신이 아닙니다. 우리를 사랑하시고 구원하시고 우리의 생명이 되시고 여기까지 인도해오신 주님만 의지해야 합니다. 그런 뜻에서 우리가 부족하고 약한 것은 오히려 기뻐할 일입니다. 그렇기 때문에 하나님을 더욱 의지하게 되기 때문입니다. 하나님께서 이스라엘 백성을 택하신 이유는 그들이 크고 강한 민족이라서가 아니라 모든 민족 중에 가장 적은 민족이기 때문이라고 하였습니다.

> 여호와께서 너희를 기뻐하시고 너희를 택하심은 너희가 다른 민족보다 수효가 많기 때문이 아니니라 너희는 오히려 모든 민족 중에 가장 적으니라 신7:7

그들이 하나님만 의지할 수밖에 없기 때문에 이스라엘 민족을 택하셨다는 것입니다. 여러분 중에 '왜 하나님은 나를 이렇게 약하게 하셨나? 왜 나에게 이렇게 적게 주셨나?'라고 생각하는 사람이 있다면 자신을 의지하거나 소유를 의지하지 않고 오직 하나님만 의지하도록 그렇게 하셨음을 깨달아야 할 것입니다.

하나님이 없다면 절망할 일이지만, 살아계신 하나님을 믿는다면 자신이 적게 가진 것, 부족한 것, 열등한 것은 오히려 기뻐해야 할 일입니다. 우리가 하나님만 의지하는 것조차 하나님께서 허락하셔서 그렇게 된 것입니다. 하나님께서 우리를 향하여 문을 활짝 여셨습니다. 누구든지 예수 그리스도 안에서 하나님께 나아가 기도하고 하나님만 의지하고 살 수 있게 하신 것입니다.

그러므로 형제들아 우리가 예수의 피를 힘입어 성소에 들어갈 담
력을 얻었나니 그 길은 우리를 위하여 휘장 가운데로 열어 놓으
신 새로운 살 길이요 휘장은 곧 그의 육체니라 또 하나님의 집 다
스리는 큰 제사장이 계시매 우리가 마음에 뿌림을 받아 악한 양
심으로부터 벗어나고 몸은 맑은 물로 씻음을 받았으니 참 마음과
온전한 믿음으로 하나님께 나아가자 또 약속하신 이는 미쁘시니
우리가 믿는 도리의 소망을 움직이지 말며 굳게 잡고 히 10:19-23

성소에 들어간다는 것은 하나님 앞에 나가는 것을 뜻합니
다. 죄인인 사람은 거룩하신 하나님 앞에 나갈 수가 없습니
다. 그런데 우리에게 성소에 들어갈 담력이 주어졌습니다. 바
로 예수님의 피를 힘입어 나아가는 것입니다. 예수님께서 우
리가 하나님의 보좌에 나아갈 길을 열어주셨습니다. 성소의
휘장이 찢어졌고 하나님께서 모든 성도의 마음에 임하셨습니
다. 그러므로 우리는 어떤 어려운 일이 생겨도 하나님께 소망
을 두고 하나님만 믿고 의지할 수 있게 되었습니다. 그래서 우
리가 약해도, 부족해도, 모자라도, 무능력해도 오히려 기쁨이
되는 것입니다.

> 평안을 너희에게 끼치노니 곧 나의 평안을 너희에게 주노라 내가
> 너희에게 주는 것은 세상이 주는 것과 같지 아니하니라 너희는
> 마음에 근심하지도 말고 두려워하지도 말라 요14:27

예수 그리스도께서 우리가 어떤 처지, 어떤 형편에 있든지 하나님을 의지할 수 있는 복을 주셨습니다. 그러니 염려하거나 두려워하지 말고 마음에 평안을 누리기를 바랍니다.

도와달라 하지 말고 믿으라!

어느 날 어려운 문제를 처리해야 할 일이 있어서 새벽기도회에 가려고 교회로 올라가는데 '하나님, 저를 도와주세요. 이 일이 잘되게 해주세요'라는 기도가 저절로 나왔습니다. 그런데 그 즉시 주님은 "도와달라고 하지 말고 믿으라"는 마음을 주셨습니다. 그 말씀에 정말 깜짝 놀랐습니다. 우리는 습관적으로 "하나님, 도와주세요"라고 합니다. 그런 기도가 입에 배어 있습니다. 그런데 하나님이 그런 기도를 기뻐하지 않으신다는 것을 그날 처음 강하게 느꼈습니다. 하나님이 이미 인도하고 있음을 믿으라는 것입니다. 그때 '하나님께서 이미 모든 상황과 문제를 주관하고 계시는구나'라고 깨달아져서 즉시 기

도를 바꾸었습니다. "주님, 감사합니다!" 믿으라고 하신 결론은 '감사'입니다. 믿으니 내 안에 놀라운 기쁨이 생겼습니다.

우리가 어떤 문제로 간절히 기도하지만, 하나님을 전적으로 신뢰하고 의지하지 않는 기도를 하고 있을 수도 있습니다. 계속 도와달라고 하지만, 마음에는 전혀 믿음이 없는 것입니다. 우리가 하나님을 소망하고 믿는다면 도와달라는 기도가 아니라 "믿습니다"라는 기도를 하게 될 것입니다. 그러나 '믿습니다'라고 고백하면서도 실제로는 하나님이 안 믿어져서 큰소리만 지르는 경우도 있습니다. 그래서 "하나님, 역사하신 줄 믿고 감사합니다" 이렇게 기도할 필요가 있습니다. 진정으로 믿는다면 당연히 감사할 것이기 때문입니다.

하나님께서는 이미 우리 가운데 역사하고 계십니다. 그것이 십자가의 보혈의 능력입니다. 하나님께 소망을 두면 어떤 형편에서도 마음에 자유함이 있습니다. 항상 좋은 일만 일어나는 것은 아닙니다. 그렇지만 좋은 일이 일어나든 그렇지 않든, 어떤 형편에서도 마음에 요동함이 없습니다. 그 사람이 하나님을 진짜 의지하는 사람, 하나님이 기뻐하시는 사람입니다.

문제를 초월하는 완전한 신뢰

평생 5만 번의 응답을 받았다고 알려진 조지 뮬러 목사님은 놀라운 기도의 사람입니다. 그는 많은 고아원을 세웠고 엄청난 수의 고아들을 먹이고 살렸습니다. 그에게 리디아라는 딸이 있었는데 1853년 장티푸스에 걸려서 죽음의 위기까지 갔습니다. 그때 하나님께서 목사님 주위에 있는 많은 분들의 기도를 통해 리디아를 다시 살려주셨습니다. 그때 일을 조지 뮬러가 이렇게 쓰고 있습니다.

엄청난 시련을 겪을 때마다 주님이 시련을 주신 이유를 알기에 오히려 완전한 평안을 누릴 수 있었다. 전에 한 번 주님의 손이 우리 가족과 내게 강하게 임하셨다. 그 시련을 겪을 때 나는 그것이 아버지의 매라는 것을 금세 알아차렸다. 뜨뜻미지근한 내 영혼을 회복시키시려는 하나님의 무한한 지혜와 사랑이 일하시는 것이었다.

그런데 이번에는 그런 느낌이 없었다. 연약하고 부족한 나는 사도 바울과 같이 고백했다. "오호라 나는 곤고한 사람이로다." 그러나 그 가운데서도 이 시련은 내게 임한 아버지의 매가 아니라 내 믿음의 연단을 위한 것이라는 생각이 들었다. 하늘 아버지가 "그 아이를 내게 줄 수 있겠느냐?"라고 말씀하셨다. 나는 마음속으로 대답했다. "하늘 아버지, 당신이 보시기에 선하신 대로 하십시오. 당신의 뜻이 이루어지리이다."

그렇게 사랑하는 아이를 처음 주셨던 분에게 돌려드리겠다는 마음이 정해졌을 때 하나님은 그 아이를 우리에게 남겨주셨다. 딸아이가 살아난 것이다. "또 여호와를 기뻐하라 그가 네 마음의 소원을 네게 이루어주시리로다"(시 37:4).

내 마음의 소원은 사랑하는 딸을 지키는 것이었다. 그리고 만약 그것이 하나님의 뜻이라면 그 아이를 지키는 방법은 주의 뜻에 만족하는 것이었다. 이 시련은 내가 지금까지 통과해야 했던 믿음의 시험 가운데 가장 어려운 것이었다. 그러나 하나님의 풍성한 자비로 하나님의 뜻을 기뻐할 수 있었으니 이로 인하여 하나님을 찬양한다.

그렇게 할 수 있었던 건 주님이 사랑하는 딸을 데려가신다면 그것이 부모에게도 그 아이에게도 최선이며 여기 남는 것보다 더욱 하나님께 영광이 된다고 온전히 확신했기 때문이다. 더 좋은 것을 주실 것이라 믿기에 평안을 잃지 않을 수 있었다. 그러므로 내 마음에는 완전한 평화가 있었다. 한 순간도 근심이 없었다.

자신의 딸이 장티푸스로 거의 죽게 되었을 때, 조지 뮬러 목사님이 하나님께 드렸던 기도는 "하나님, 제가 그 딸이 살아나기를 원합니다. 그러나 하나님께서 그 딸을 '내게 다시 돌려보내라' 하신다면 그것이 우리에게도 그 아이에게도 가장 최선의 것일 터이니 하나님, 그러면 그렇게 하십시오"였습니다. 그렇게 기도했더니 하나님께서 그 아이를 다시 살려주셨다는 것입니다. 하나님을 완전히 신뢰하고 나니 문제를 초월하게 되었다는 것입니다.

주는 선하시고 주께서 하시는 일도 선하십니다

그러면 여러분 중에 '그래도 딸이 다시 살아났으니까 하나님의 선하심을 말하기 쉬웠겠지'라고 생각하는 분이 있을 수 있습니다. 그러나 그렇지 않습니다. 1870년 조지 뮬러 목사님의 사모님이 류마티즘 열병으로 세상을 떠났습니다. 결혼한 지 39년 만이었고 조지 뮬러 목사님의 나이가 64세였습니다. 그는 아내의 장례식 설교를 직접 했는데 설교 본문은 시편 119편 68절이었으며 '주는 선하사 선을 행하시오니'가 설교의 제목이었습니다. 설교의 요점은 세 가지였습니다. "첫째, 주는 선하사 선을 행하시오니 내게 아내를 주셨습니다. 둘째, 주는 선하사 선을 행하시오니 그토록 오래 아내를 내 곁에 허락하셨습니다. 셋째, 주는 선하사 선을 행하시오니 아내를 내게서 데려가셨습니다."

그는 아내가 아팠을 때 이렇게 기도했다고 합니다.

나의 아버지, 사랑하는 아내의 때는 당신의 손에 있나이다. 아버지는 생명이든 상황이든 아내와 저를 위해 최선의 것을 행하실 것입니다. 그것이 만약 제 소중한 아내를 다시 일으키시는 것이라면 당신은 그렇게 행하실 수 있습니다. 그러나 아버지가 나를 어떻게 다루시든 부디 제가 당신의 거룩한 뜻에 온전히 만족하며 살게 하소서.

그리고 아내의 죽음 이후에 이렇게 고백했습니다.

아내의 손길을 기다리는 수많은 고아를 보며 그녀의 존재가 얼마나 컸는지를 실감한다. 하지만 이 같은 상황에서도 나는 기쁘다. 지금 아내의 행복이 내게 기쁨을 준다. 리디아와 나는 아내 메어리를 되찾는 일이 손바닥 뒤집듯 쉬운 일이라 해도 그리하지 않을 것이다. 왜냐하면 하나님이 그일을 행하셨기 때문이다. 우리는 하나님께 만족한다.

조지 뮬러 목사님이 가지고 있었던 믿음은 전적으로 하나님만 의지하는 것입니다. 이것이 그분이 놀라운 기도 응답의 삶을 살고, 믿음의 삶을 살았던 이유입니다. 그는 딸이 거의 죽게 되었어도 하나님을 신뢰하고 온전히 맡겨드렸습니다. 아내가 아플 때도 하나님께서 하나님의 뜻대로 행하실 것을 믿고 그 뜻에 만족하며 기뻐했습니다. 그는 하나님께서 최선의 일을 행하신다고 정말 믿었습니다.

전적으로 하나님만 의지하는 믿음

하나님을 믿고 의지한다는 많은 그리스도인들이 실제로는 하나님만 전적으로 의지하지 못합니다. 우리는 하나님께서 자기 뜻대로 역사해주시면 하나님을 믿는다고 합니다. 그러나 자기가 원하는 대로 안 해주시면 하나님을 믿지 못하겠다고 합니다. 대부분의 성도가 이 정도의 믿음에 머물러 있습니다.

우리가 하나님만 절대적으로 신뢰하면 하나님께서 반드시 우리에게 가장 좋은 일을 이루십니다. 그러나 우리가 하나님을 전적으로 의지하지 못하면 마음이 계속 요동하게 되고 하나님이 역사하시는 삶을 실제로 살지 못합니다.

요셉은 대단한 믿음의 사람이었습니다. 요셉은 형들로부터 거의 죽임을 당할 위기에 빠져 종으로 팔려 갔지만, 나중에 애굽의 총리가 되어 형들을 만납니다. 그때 요셉이 형들에게 "당신들은 나를 해하려 하였으나 하나님은 그것을 선으로 바꾸사"(창 50:20)라고 했습니다. 요셉은 하나님을 완전히 의지했습니다. "형들이 나를 죽이려고 해도 하나님께서 그것을 선으로 바꾸셨다." 요셉은 그런 하나님을 믿는 것입니다. 그러니까 요셉은 어떤 일을 만나도 요동함이 없었습니다. 자기가 원하는 대로 일이 되었든, 자기가 원하지 않는 대로 일이 되었든 요셉에게는 상관이 없었습니다. 결국은 하나님께서 모든 것을 선하게 만드실 것을 믿었기 때문입니다.

우리에게는 별의별 일들이 많습니다. 그런 가운데 하나님이 진짜 기뻐하시는 것은 하나님을 정말 믿는 것입니다. 온전히 하나님께만 소망을 두는 것이고, 하나님을 경외하고, 하나님의 온전한 자비하심을 바라는 것입니다. 그러므로 눈에 보이고 귀로 들리는 현실에 반응하지 말고 하나님께서 그것을 선하게 바꾸실 것을 믿어야 합니다. 우리에게 이 믿음이 필요합니다. 그래야 지금 일어나는 일들이 지나고 나면 다 간증이 됩니다. "내가 그때 하나님을 온전히 신뢰했더니, 내가 그때 하나님께만 소망을 두었더니, 하나님께서 나를 이렇게 만드셨습니다"라고 고백할 수 있게 됩니다.

좋다 나쁘다를 판단하지 않는 훈련

한번은 미국 덴버 지역에 집회를 인도하러 갔었는데, 일정이 매우 바빴습니다. 거기서 우리를 도와주시던 분이 "목사님, 로키산맥이 여기서 가까운데 3일 정도만 쉬었다가 가세요"라고 제안하였습니다. 잠깐의 쉼도 필요하고 로키산맥도 보고 싶어 그렇게 하기로 했습니다.

로키산맥은 정말 풍경이 아름다운 웅장한 산이었습니다. 그런데 산장에 도착해보니 창고를 개조한 숙소와 불편한 잠자리가 모텔보다 못해 보였습니다. 그렇지 않아도 피곤하고 힘든 일정을 지내다 왔는데, 이곳에서 3일이나 지내야 한다고 생각하니 마음이 혼란스러웠습니다.

겨우 잠을 청했다가 아침 일찍 일어나 뒷산으로 올라갔습니다. 아침 기온이 꽤 쌀쌀하여 몸을 웅크린 채 산길을 걸으며 기도했습니다. "하나님, 이곳에 오게 하신 의미가 무엇입니까? 왜 저를 여기에 오게 하셨습니까?" 그때 갑자기 제 마음에 의외의 생각이 임했습니다. "좋다 나쁘다 평가하려고 하지 마라. 왜 이곳에 있어야 하는지 분석하려고 하지 말고, 그냥 나를 바라보기만 하라." 그 생각이 주님이 저에게 하시는 말씀 같았습니다. 그래서 '답답하다, 불편하다, 왜 여기에 왔을까?' 제 마음에 있던 많은 생각을 다 버렸습니다. 그러고 나니 산의 모습이 보였습니다. 나무와 풀, 꽃들도 보였습니다. 로키 산맥 자락에 있는 자연 그대로의 모습이 눈에 들어왔습니다. 찬송과 기도가 회복되어 한참을 기도하였습니다.

그러면서 하나님께서 뭔가 뜻이 있어서 인도하셨는데, 내가 생각했던 것과 다르다고 마음을 닫으니 하나님이 지으신 아름다운 것들을 보지 못했다는 것을 깨달았습니다. 그러자 여행 중에 좋아 보이는 일들, 기대했던 일들은 실망스러웠고, 오히려 전혀 기대하지 않았던 일들을 통하여 좋은 결과들이 있었다는 것을 알게 되었습니다. 다시 한번 섣불리 판단하는 것이 옳지 않다는 것을 깨달았습니다.

그런데 더 힘든 일이 닥쳤습니다. 동행하셨던 목사님에게 응급 상황이 발생하여 갑자기 근처 병원의 응급센터에 가게 된 것입니다. 무작정 대기하다가 밤이 너무 늦어 다시 별장으로 돌아가지 못하고 응급센터 옆에 있는 호텔에 투숙하기로 하였습니다. 아침에 겨우 마음을 극복했는데, 이건 또 무슨 일인가 싶은 생각이 들었습니다. 그런데 그때 주님이 똑같은 말씀을 하셨습니다. "이 상황을 판단하려고 하지 마라. 오직 나만 바라보고 따라오라."

그래서 다시 한번 모든 생각을 다 내려놓고, 그 목사님을 어떻게 섬길 수 있을지, 또 함께 갔던 일행들과 주어진 시간

동안 어떻게 하면 하나님의 기쁘신 뜻대로 시간을 보낼까 생각하였습니다. 그런 가운데 정말 너무나 놀라운 감사의 제목들이 많이 생겼습니다. 우리가 함께 있었기에 그 목사님의 위기 상황에 신속하게 대처할 수 있었음을 깨달았습니다. 그뿐만 아니라 우리 모두가 너무나 깊은 영적 교제를 나누게 되었습니다. 경치가 좋고 숙소도 좋은 곳에 가서 지냈다면, 이처럼 깊은 하나됨을 경험하지는 못했을 것입니다. 힘은 들었지만 평생 잊지 못할 추억이 되었습니다.

오직 하나님께만 소망을 두라

하나님께서는 우리가 어떤 상황에서든지 하나님만 전적으로 의지하는 것을 기뻐하십니다. 그러면 모든 상황 속에 하나님의 선하신 섭리가 있다는 것을 깨닫게 됩니다. 비록 그 순간에는 이해할 수 없을지라도 하나님께서 반드시 선한 섭리로 역사하셨음을 깨닫게 해주십니다.

100퍼센트 안 좋은 일은 없습니다. 건강 문제, 가족 문제, 재정 문제 등 많은 문제들이 있지만, 주님께서 내일 오신다면, 대부분의 문제는 더 이상 문제로 여겨지지 않을 것입니다. 그렇다면 주님께서 내일이 아니라 50년 뒤에 오신다고 해도 역시 문제 될 것은 없는 것입니다. 한마디로 주님을 바라보는 눈이 뜨이게 되면 어떤 문제도 극복하게 됩니다.

그러므로 우리가 할 일은 어떤 상황 속에서도 하나님이 기뻐하실 일을 찾는 것입니다. 하나님께서 계획하신 일을 깨달을 수 있도록 기도하는 것입니다. 그것이 자신이 원했던 것이 아닐 수 있고, 자신이 계획했던 것과 다를 수 있고, 지금은 너무 힘들고 당황스러울 수 있지만, 분명한 것은 여전히 하나님의 은혜 안에서 일어나는 일이라는 사실입니다. 우리는 선하신 하나님을 신뢰할 뿐입니다. 그러면 하나님께서 너무너무 기뻐하십니다. 그리고 반드시 그 일이 간증이 되게 하십니다.

혹시 지금 되어지는 일이 마음에 들지 않아 따지고, 분석하고, 고민하고, 계산하고 있다면 주님께 모든 것을 다 맡겨보시기 바랍니다. 정말 중요한 것은 하나님께서 중요하게 여기시는 것입니다. 하나님께서는 진실로 하나님을 경외하는 사람, 어떤 일이 벌어지든지 하나님의 선하심을 믿는 사람, 하나님의 마음이 자신에게 활짝 열려 있다는 것을 믿는 사람, 모든 것을 전적으로 하나님께 맡기고, 하나님의 선하신 뜻을 기대하고, 주님은 합력하여 선을 이루신다는 약속의 말씀을 믿음으로 붙잡는 사람, 그래서 오히려 감사하고, 하나님께 마음의 중심을 드리는 사람을 기뻐하십니다. 오직 하나님께만 소망을 두며 살기를 축복합니다.

주님을 기쁘시게 하는 기도

1 세상의 것을 의지하는 어리석음에서 깨어나 오직 하나님만 소망
   하는 믿음을 주소서.

2 하나님의 사랑과 은혜에 대한 완전한 확신을 부어주소서.

3 어떤 시험이나 어려움이 닥쳐올지라도 세상을 이길 담대함과 평
   안을 부어주소서.

하나님께서는
정직한 자의 기도를 기뻐하신다

위대한 믿음의 사람들과 똑같은 은혜를 우리도 받았습니다. 정직한 자의 기도는 기도 자체에 목적이 있지 않고 예수님께 목적이 있습니다.

요즘은 계속 '하나님께서 기뻐하시는 것이 무엇일까?' 그 생각을 하며 삽니다. 생각만 바뀌었는데 삶 전체가 달라지는 것을 깨닫습니다. 아직도 이 기쁨을 모르시는 분들이 있다면 꼭 그렇게 살아보기 바랍니다.

형편과 처지가 말할 수 없이 어렵고, 당황스럽고, 곤궁한 가운데 빠져 있다 하더라도 그 상황에서 어떻게 하면 하나님이 기뻐하시는 일을 할까 하는 생각만 하면, 어느 순간에 어려움에서 벗어나 있는 것을 알게 됩니다. 그리고 여러분의 어려웠던 처지가 오히려 간증이 됨을 깨닫게 될 것입니다.

주님의 손에 붙들려 있게 되고 성령께서 강하게 역사하시면 어떤 처지에 있어도 두려움과 염려, 낙심과 원망이 사라지고 감사와 찬양이 일어나게 됩니다. 그러니 꼭 그렇게 살아보기 바랍니다.

정직한 자의 기도를 드리는 사람

하나님께서 기뻐하시는 일이 무엇일까요? 하나님께서는 정직한 자의 기도를 기뻐하신다고 하였습니다.

> 악인의 제사는 여호와께서 미워하셔도 정직한 자의 기도는 그가
> 기뻐하시느니라 잠언 15:8

우리가 기도하는 것이 귀하지만 기도만 하지 말고 정직한 사람이 되어야 합니다. 정직한 기도가 아니라 '정직한 자의 기도'라고 했습니다. 기도의 내용보다 더 중요한 것이 기도하는 사람이 어떤 사람이냐 하는 것이기 때문입니다. 그래서 몇 사람을 소개하고자 합니다. 이것을 통해 '이런 사람이 정직한 자의 기도를 드리는 사람이구나'라고 깨닫는 눈이 열리게 되기를 바랍니다.

가장 먼저는 존 하이드 선교사입니다. 존 하이드 선교사는 '기도하는 하이드'라는 별명이 붙은 사람이기도 합니다. 이분은 1892년도에 인도에 선교사로 가셨습니다. 그리고 사역 전체가 강력한 중보기도로 하나님 앞에 쓰임을 받았던 분입니다.

존 파이퍼 목사님의 《하나님의 기쁨》(두란노)이라는 책에

E. G. 카레 대위라는 분이 미국 장로교 선교사들의 모임에 말씀을 전하러 가서 존 하이드 선교사님을 만난 일화가 담겨 있습니다. 기차를 타고 하룻밤을 꼬박 새워 집회장에 도착했을 때 카레 대위는 매우 피곤한 상태였습니다. 그때 존 하이드 선교사가 자신을 기도의 자리로 데리고 갔다고 합니다. 몇 분의 선교사님들이 모여서 집회를 위해 중보기도 하는 자리였습니다. 잠깐이라도 쉬었다가 말씀을 전하고 싶었지만 거부할 수 없는 이끌림으로 몇 명의 기도자들과 함께 무릎을 꿇었을 때 그는 설명할 수 없는 주님의 임재를 느꼈다고 했습니다. 배고 픔도 잊고, 피곤한 느낌도 사라지고, 전하기로 한 말씀에 대한 부담감이나 걱정도 없이 계속 그 자리에 머물러 있고 싶었습니다. 기도 내용은 기억나지 않지만 그 자리에 주님이 함께 계신다는 것만큼은 잊혀지지 않았다고 합니다.

집회가 시작되기 30분 전쯤 존 하이드 선교사님이 일어서며 "4시에 말씀을 전하셔야죠. 잠깐 기다리세요. 차 한 잔 가져오겠습니다." 카레 대위가 차를 마시고 강단에 오를 때 존 하이드 선교사가 카레 대위의 손을 잡고 말했습니다. "가서 전하세요. 그것이 당신의 일입니다. 나는 기도실에서 당신을 위해 기도하겠습니다. 그것이 내 일입니다. 예배를 마치고 다시 기도실로 오세요. 함께 하나님을 찬양합시다." 그 순간 마치

전기에 감전된 듯한 큰 감동이 있었습니다. 말씀을 전하기가 너무 쉬웠다고 했습니다. 옆에서 통역하던 분까지 강력한 성령의 임재를 경험하여 더 이상 통역을 할 수 없자 다른 사람이 대신 통역할 정도였습니다.

"그날 밤에 주님이 말씀하셨다는 것을 압니다. 주님은 내게 말씀하셨고, 많은 사람에게도 말씀하셨습니다. 그때 나는 기도의 능력을 체험했습니다. 기도 응답의 축복에 대해 참으로 많은 글을 읽어봤습니다만 그날 저녁처럼 그렇게 강력하게 깨달은 적은 없었습니다. 그 후 저는 하나님의 메시지를 증거할 때마다 나를 위해 기도할 수 있는 중보기도의 용사들을 세우고자 노력합니다.

그 집회는 내가 말씀을 전한 집회 중에 가장 놀라운 집회였습니다. 그날 그런 복이 내게 임한 것은 현장 뒤에서 기도하는 거룩한 사람이 있었기 때문입니다. 집회를 마치고 주님께 찬양을 돌리기 위해 그에게 돌아갔습니다. 그는 아무런 질문도 하지 않았습니다. 집회가 좋았는지 나빴는지, 사람들이 은혜를 받았는지 못 받았는지 전혀 묻지 않았습니다. 나도 그에게 내가 개인적으로 어떤 은혜를 받았는지 그의 기도가 어떻게 응답되었는지 말할 생각이 없었습니다. 그는 그 모든 것을 아는 것 같았습니다. 그리고 놀랍게 주님을 찬양했습니다."

존 하이드 선교사 같은 사람의 기도가 정직한 자의 기도입니다. 정직한 자의 기도의 핵심은 그 영혼이 주님과 영적으로 온전히 연합하는 것입니다. 하나님께서 그렇게 된 사람의 기도를 기뻐하십니다.

성령으로 충만해질 때까지!

어떤 그리스도인들은 기도의 역사에 대한 믿음이 있지만, 어떤 그리스도인들은 기도에 대하여 별로 믿음이 없습니다. 진정 기도에 대한 믿음을 가지고 있는 분들은 소수입니다. 만약에 예수 믿는 사람이 다 기도의 능력에 대한 믿음을 가지고 있다면 교회는 지금과 다른 모습일 것입니다.

그렇다면 예수님을 믿는데 기도의 능력에 대한 믿음은 갖지 못한 그리스도인들이 왜 많을까요? 한마디로 성경 말씀대로 정직하게 기도하는 자를 찾아보기가 힘들기 때문입니다. 저는 정직한 자의 기도가 우리 가운데 회복되기를 바랍니다. 그렇게 되면 하나님께서 정말 기뻐하실 것입니다.

존 하이드 선교사님이 이처럼 강력하게 하나님이 역사하시는 정직한 기도의 사람이 된 계기가 있습니다. 인도로 가는 배 안에서 존 하이드 선교사의 마음은 뿌듯했습니다. 아버지가 목사였고 어머니도 신앙심이 깊은 분이었습니다. 그는 어려서부터 선교사로 헌신했고 위대한 선교사가 되고 싶었습니다. 인도 선교사로 떠날 당시 존 하이드 역시 이미 훌륭한 사람이었습니다. 탁월한 실력으로 신학교를 졸업했고 영국의 여러 교회에서 그를 초청하고자 했습니다.

그런데 하나님께서 기뻐하시는 것이 선교라는 것을 깨닫고 인도에 예수 그리스도의 복음을 전하는 선교사가 되기로 작정한 것입니다. 그가 배에 올라 선실에 내려갔을 때 거기에 자신이 좋아하는 목사님으로부터 편지가 도착해 있었습니다. 기쁜 마음으로 편지를 열어보았습니다. 거기에 아주 짤막하게 "사랑하는 존, 네가 성령으로 충만해질 때까지 너를 위하여 기도하기를 멈추지 않을 거야!" 이렇게 적혀 있었습니다. 그 순간 그는 편지를 구겨서 선실 바닥에 내동댕이쳤습니다.

"성령으로 충만해질 때까지라고!" 그는 갑판을 거닐며 혼잣말을 했습니다. '나는 선교사로 헌신하여 인도로 가고 있어. 그런저런 선교사가 아니라 최고의 선교사가 되기 위해 인도로 가고 있는 중이라고! 좋은 교회에서 오라는 요청도 다 사양하고, 훌륭한 선교사가 되려는 마음으로 가득한 내가 당연히 성령으로 충만한 사람이 아니겠어? 그런데 내가 성령충만을 받지 못했다고 생각하다니 정말 어처구니가 없고 주제

넘은 말이잖아!'

분노가 치밀어 마음이 너무 힘들었습니다. 그러나 그의 내면에서는 이미 맹렬한 싸움이 벌어지고 있었습니다. 그가 그 목사님을 정말 사랑했고 그 분이 평생 신령한 삶을 살아왔다는 것을 모르지 않았기 때문입니다. 그리고 다시 선실로 내려가 구겨서 던져버렸던 편지를 다시 펴서 읽었습니다. 읽고 또 읽었습니다. 그의 마음은 여전히 괴로웠지만 그 목사님이 옳다는 것과 자신이 선교사의 사명을 감당할 준비가 되어 있지 않다는 것을 깨닫고 마침내 선실 바닥에 무릎을 꿇었습니다.

"하나님, 제가 인도 땅을 밟기 전에 성령으로 충만하게 하소서!" 기도하는 순간 그는 자신이 보이기 시작했습니다. 존 하이드는 절망의 구렁텅이에 빠진 심정으로 배가 항구에 도착하기 전에 성령으로 충만하게 해달라고 더욱 간절히 매달렸습니다. 인도에서 보게 될 언어 시험에서 낙방하여 보이지 않는 곳에서 조용히 봉사하는 무명의 선교사가 되어도 좋으니 성령으로 충만하게 해달라고 하나님께 간절히 구하였습니다. 이 영적 몸부림은 항해가 끝날 무렵까지 계속되었습니다. 기도의 사람 존 하이드 선교사가 태어나는 순간이었습니다.

주님과 하나가 된 사람의 기도

하나님이 정말 기뻐하시는 기도는 잠언 말씀대로 '정직한 자의 기도'입니다. 하나님을 진정 하나님으로 섬기는 자입니다. 하나님을 자기욕심을 이루어주는 하나님, 자기를 만족시키기 위하여 존재하는 하나님으로 생각하지 않는 사람입니다. 안타깝게도 목회자나 성도들 중에 그런 사람들이 많지 않습니다.

어느 목사님이 "제가 지은 죄라고는 열심히 목회한 죄밖에 없습니다"라고 말씀하시는데, 그 말씀을 듣는 순간 가슴이 떨렸습니다. "내가 지은 죄라고는 열심히 목회한 죄밖에 없다"라는 말은 죄가 없다는 말이기도 하고, 진짜 무서운 죄를 지었다는 말이기도 합니다. 참으로 어처구니없는 일이지만 열심히 목회한 죄가 목사에게 가장 무서운 죄가 될 수도 있습니다.

자신의 만족을 위해서 목회한 경우에 그렇습니다. 교인 수가 많아지면 기뻐하고, 교인 수가 적어지면 슬퍼하는 것입니다. 하나님께 "교회가 잘 되게 해달라", "목회가 성공하게 해달라" 기도하지만, 사실은 목사 자신의 기쁨과 만족을 구하는 것입니다. 그러니까 "목회 열심히한 죄밖에 없다"라는 표현을 하게 되는 것입니다. 교묘하면서도 정말 무서운 죄입니다.

목적이 하나님께 있지 않고 자기에게 있는 것입니다.

　교인들도 마찬가지입니다. "하나님을 믿는다", "하나님을 사랑한다" 하지만, 진짜 기쁨의 이유는 돈이고, 진짜 기쁨의 이유는 사람입니다. 진짜 기쁨의 이유는 세상 성공입니다. 그것 때문에 울고 웃는 것입니다. 이런 사람은 하나님이 보시기에 정직한 자가 아닙니다. 하나님께서는 우리의 동기를 훤히 아십니다. 우리가 진짜 좋아하는 것이 뭔지, 우리가 진짜 바라는 게 뭔지 아십니다.

　존 하이드 선교사님도 인도 선교사로 가는 배 안에서 그것이 꺾인 것입니다. 선교사로 가는 것조차 교묘하게 위장된 자기만족이었던 것입니다. 존 하이드 선교사님이 자아가 꺾이고, 진정 성령으로 충만하기를 갈망하면서부터 그는 하나님이 놀랍게 쓰시는 기도의 사람이 되었습니다. 그리고 하나님께서 존 하이드 선교사의 기도 사역을 통해서 정말 놀라운 역사를 이루실 수 있었던 것입니다.

　내 안에 거하라 나도 너희 안에 거하리라 가지가 포도나무에 붙어 있지 아니하면 스스로 열매를 맺을 수 없음 같이 너희도 내 안에 있지 아니하면 그러하리라 나는 포도나무요 너희는 가지라 그가 내 안에, 내가 그 안에 거하면 사람이 열매를 많이 맺나니 나

를 떠나서는 너희가 아무것도 할 수 없음이라 요 15:4-5

온전히 예수님 안에 거하는 사람이 정직한 자입니다. 그러면 주님이 그 사람 안에 거하시고, 기도가 달라집니다. 그 기도를 통해서 많은 열매를 맺습니다. 우리가 예수님 안에 거하면 주변에 있는 사람들, 가족들, 함께 일하는 일터의 동료들, 교회와 공동체에서 사역하는 주변 사람들이 우리를 통하여 힘을 얻습니다. 은혜는 흘러가게 되어 있습니다. 정말 주님과 하나가 된 사람의 기도는 강력한 기도입니다.

전쟁도 바꾸는 기도의 사람들

중보기도의 사람 리즈 하월즈도 정직한 자 중에 한 사람입니다. 이분은 제2차 세계대전 중에 기도로 하나님과 동역한 사람입니다. 2차 세계대전은 리즈 하월즈와 그의 성경학교 학생들이 계속해서 하나님께 중보기도를 드리면서 전쟁의 양상이 완전히 달라진 전쟁입니다. 지금도 똑같습니다. 코로나19로 인해서 전 세계가 어려움을 겪고 있는데, 코로나19가 소멸되고 세상이 다시 일상으로 돌아오는 일을 위해서 강력한 기도의 사람, 정직한 기도의 무리들이 필요합니다.

독일이 영국 공습을 시작했을 때 리즈 하월즈는 영국의 승리를 위하여 기도하였습니다. 그는 기도하면서 영국이 승리한다는 확신을 하게 되었습니다. 지금 런던이 불바다가 되고 나치의 비행기들이 폭격을 하고 사이렌이 울리는 상황에서도 그는 태연히 하나님을 예배하고 찬양하였습니다. 그가 두려운 것은 전쟁이 아니라 하나님의 뜻을 놓치는 것이었습니다. 그런데 하나님이 뜻을 알게 하셨으니 그 뜻을 견고히 붙잡고 더 이상 영국이 이기게 해달라고 기도하지 않았습니다. 계속해서 찬양하며 함께 기도하는 사람들에게 하나님이 정말 함께하시고 역사를 주장하신다는 것을 분명히 믿으라고 선포했습니다. 오직 하나, 자신이 온전히 하나님을 믿고 있는지 살피라고 당부했습니다. 그러던 어느 날 독일 공군은 승리를 목전에 두고 이해할 수 없는 퇴각을 하게 됩니다.

하나님은 리즈 하월즈와 중보기도 팀들에게 영국과 연합군이 에티오피아 전선에서 싸울 때, 이탈리아에서 싸울 때, 덩케르크 전투 때, 계속해서 기도를 시키셨습니다. 그리고 영국과 연합군이 승리하게 하셨습니다. 그 후 전 세계가 끔찍한 전쟁에 휘말리지 않도록 하는 특별 기구를 위하여 6년 동안 기도를 시키셨고 1945년 6월에 국제연합(UN)이 결성됩니다. 리즈 하월즈와 중보기도 팀은 계속 강력하게 그 일이 이루어지도록 기도했습니다.

이제 나의 시대는 끝났다

아주 평범한 사람이었던 리즈 하월즈가 세계 전쟁을 좌지우지할 만큼 강력한 기도를 드릴 수 있었던 이유는, 그의 회심을 살펴보면 알 수 있습니다. 그는 청년 때에 모리스 르우벤의 전도집회에서 회심하게 됩니다. 주님이 "보라, 내가 문 밖에 서서 두드리고 있다. 내가 모리스 르우벤에게 들어갔던 것처럼 네 안에도 들어갈 수 있겠느냐?"라고 물었을 때 "네"라고 대답했고 바로 그 순간 그는 변화되었습니다.

주님은 지금도 동일하게 우리에게 말씀하십니다. "내가 너에게 들어갈 수 있겠느냐?" 이미 우리는 성령님을 모시고 사는 사람이지만 그 점에 대해서 아직 믿음과 태도가 명확하지 않은 사람이 있습니다. 주님을 모시지 않았다고 말할 수는 없지만, 주님을 진짜 모시고 살고 있다고 말할 수도 없는 사람입니다. 리즈 하월즈가 주님의 물음에 "네"라고 대답했을 때 성령께서 그 분 안에 들어갔습니다. 그가 완전히 거듭난 것입니다. 리즈 하월즈는 성령께서 자기 안에 오신 것을 진짜 믿은 사람입니다. 이것이 정직한 자의 기도입니다.

리즈 하월즈는 성령님이 인격적인 분이라는 것을 알았습니다. 그리고 성령께서 자신에게 성전이 될 것을 요구하신다는 것을 알았습니다. 예수님이 자기를 위해 죽으셨고, 자신도 그분 안에서 죽었기 때문에 이제는 새 생명으로 사는 것임을 그가 분명히 알게 되었습니다. 그래서 이렇게 고백합니다.

나는 오직 성령만이 내 안에서 예수님의 삶과 같은 삶을 살게 하실 수 있다는 것을 알고 있었다. 문제는 그 말씀을 따를 때 생기는 손실을 어떻게 할 것이냐 하는 것이다. 돈에 대한 사랑, 가정을 이루는 일, 야망, 명성에 관한 문제들이었다. 성령께서는 나의 모든 의지를 포기할 것을 요구하셨고, 닷새간의 고민 끝에 나는 성령의 뜻에 동의했고, 성령께 모든 통제권이 이양되었다. 이제 나의 시대는 끝났다. 성령께서 완전히 나의 통제권을 장악하신 것이다.

제가 여러분에게 말씀드리고 싶은 것은 정직한 자의 기도는 우리가 이미 다 누리고 있는 은혜에 대하여 진짜 정직하게 반응한다는 것입니다. "예수님이 내 안에 계시고, 예수님이 내 생명이시고, 나는 하나님의 성전이고, 성령님은 나를 다스리시는 분이십니다." 이 점에 대해서 정직한 사람입니다. 그때부터 리즈 하월즈의 삶 속에 성령의 역사하심이 놀랍게 나타난 것입니다.

순종 외에는 아무것도 할 일이 없었다

한번은 하나님께서 리즈 하월즈에게 아프리카 선교를 가라고 명령하십니다. 그는 그 명령에 순종합니다. 하지만 문제는 아프리카로 갈 수 있는 여비가 없었습니다. 리즈 하월즈는 영국에서 아프리카로 가기로 한 그 날짜까지 여비가 생길 것이라고 생각했습니다. 소포가 올 때마다 혹시 여비가 오게 되지 않을까 기대했습니다. 그러나 출발 당일까지 여전히 돈이 하나도 없습니다. 그래도 기차역에 가면 하나님께서 누군가를 통해 여비를 주실 것을 신뢰하고 짐을 챙겨서 기차역으로 갑니다. 그러나 기차역에 도착하고 다시 기차가 떠날 시간이 다 되었는데도 아무 일도 일어나지 않았습니다.

이제 남은 일이라면 한 가지뿐이었습니다. 자신에게 남아 있는 10실링으로 최대한 갈 수 있는 데까지 가는 것입니다. 거기서 우리의 힘이 다하면 그때야말로 하나님이 개입하실 것입니다. 드디어 중간역에서 내려 다음 기차를 갈아타야 할 시간이 되었습니다. 목적지까지 가려면 새로 표를 끊어야 합니다.

그때 성령께서 묻습니다. "지금 너에게 돈이 있다면 너는 어떻게 하겠느냐?", "당연히 매표소로 가서 줄을 설 것입니다"라고 대답하자 "그러면 너는 내 약속이 실제로 돈을 가진 것과 마찬가지라고 믿느냐?"라고 다시 묻습니다. 그래서 "예, 그렇습니다"라고 대답하자 "그렇다면 지금 가서 줄을 서도록 하라"고 하셔서 돈이 없어도 표를 사러 갑니다.

순종 외에는 아무것도 할 일이 없습니다. 그의 앞에 이미 여러 명이 표를 사기 위해 줄을 서고 있었습니다. 그때 마귀가 계속해서 참소합니다. "야, 또 한 사람이 줄었어. 네 차례가 와도 너는 그냥 지나갈 수밖에 없잖아. 너 정말 초라하다. 그 창피를 어떻게 감당할래? 돈도 없으면서, 하나님을 믿는다고 하는 지금의 네 행동은 정상이 아니야." 그럼에도 그는 도망치지 않았습니다. 이제 그의 앞에 두 명밖에 남지 않았습니다.

그런데 어떤 사람이 무리 속에서 튀어나오더니 이렇게 말했습니다. "제가 배웅해드리려고 나왔는데 더 기다려드리지 못해 정말 죄송합니다. 가게 문을 열어야 할 시간이 되어 떠나시는 것을 못 보고 가야 될 것 같습니다"라고 작별 인사를 하며 그의 손에 30실링을 쥐어주는 것입니다. 그 돈이 런던까지 갈 수 있는 푯값이었습니다. 그래서 표를 샀습니다. 그러자 배웅 나온 사람들이 여비로 쓰라고 돈을 주기 시작했습니다. 다들

리즈 하월즈에게 줄 돈을 가지고 있었지만, 주께서 그가 시험을 통과할 때까지 그들을 저지하고 계셨던 것입니다. 만약에 표를 사러 줄을 서지 않았다면 진짜 황당한 일이 될 뻔했던 것입니다.

그는 기차를 타고 런던까지 가는 동안 쉬지 않고 하나님을 찬양하였습니다. 그리고 자신의 계획과 판단을 모두 내려놓았습니다. 런던에 도착하자 어떤 분이 다음날 아침식사를 함께하자고 그를 초청했고 식사하는 자리에서 선교지에서 사용해달라며 50파운드라는 거금을 전달하였습니다. "당신에게 드리려고 50파운드를 준비했는데 그만 우편으로 부치지 못했습니다."

하나님께서 리즈 하월즈를 다루셨던 것입니다. 진짜 믿음으로 반응하는지 다루어본 것입니다. 하나님께서는 이미 아프리카 선교에 필요한 재정을 다 준비해놓으셨습니다. 그것도 아주 넘치게 준비해놓으셨습니다. 하지만 하나님께서 묶어두셨습니다. 마지막 표 사는 자리까지 믿음으로 순종하여 갈 수 있는지를 보신 것입니다. 그 일을 겪고 그는 이렇게 고백합니다.

"순종 외에는 아무것도 할 일이 없었다. 내 앞에는 몇 명의 사람이 서 있었다. 마귀는 쉬지 않고 나를 조롱했다. 나는 에

위싸여 있었지만, 하나님은 나 역시 모세처럼 영광스럽게 통과하도록 하실 것이다."

그리고 그 일이 이루어진 것입니다.

정직한 자의 기도는 목표가 주님이다!

우리에게도 똑같은 은혜가 주어졌습니다. 존 하이드, 리즈 하윌즈 그리고 우리는 모두 똑같은 은혜를 받았습니다. 문제는 그 은혜에 대한 믿음이 정직하냐는 것입니다. 정직한 자의 기도는 기도 자체에 목적이 있지 않고 예수님께 목적이 있습니다.

> 항상 기뻐하라 쉬지 말고 기도하라 범사에 감사하라 이것이 그리스도 예수 안에서 너희를 향하신 하나님의 뜻이니라 살전 5:16-18

항상 기뻐하고 범사에 감사하는 것은 쉬지 않고 기도하는 것과 관련이 있습니다. 그런데 "쉬지 말고 기도하라"는 것은 기도가 목적인 사람은 못합니다. 우리는 쉬지 않고 숨을 쉬고 있습니다. 하지만 의식하지 못합니다. 만약에 쉬지 않고 호흡하려고 '숨 쉬어야 돼, 숨 쉬어야 돼, 숨 안 쉬면 죽어, 숨 안

쉬면 죽어'라고 의식하며 산다면 스트레스로 숨이 넘어갈 것입니다. 전혀 의식하지 않고 그냥 숨을 쉬고 있기 때문에 숨을 쉴 수가 있는 것입니다. 숨 쉬는 것이 목적인 사람은 한 사람도 없습니다.

기도도 똑같습니다. 기도를 쉬지 않고 하려면 결국 못합니다. 기도의 목표가 주님이어야 합니다. 우리의 목표는 오직 주님뿐입니다. 항상 예수님을 생각하며 사는 사람이 쉬지 않고 기도하게 되는 것입니다. 돈도, 성공도 목적이 아니고 예수님만이 목적인 사람이 정직한 자입니다. 그 사람이 드리는 기도는 너무너무 강력합니다. 주님이 그 기도를 기뻐하시는 것입니다. 우리의 개인적인 기도 제목까지 모두 주님이 이끄십니다. 그러므로 주님께 목적을 두기 바랍니다. 예수님이 함께 계신 것을 정직하게 믿기 바랍니다. 예수님을 모시고 사는 사람답게 정직하게 살기 바랍니다. 우리가 할 일은 예수님을 모시고 사는 것뿐입니다.

지금 가정에 풍파가 있습니까? 오직 예수님을 모시고 사는 사람으로 사시기 바랍니다. 재정적으로 말할 수 없이 어렵습니까? 역시 예수님이 함께 계신 것만으로 충분합니다. 주님이 이끄실 것입니다. 주님을 신뢰하기 바랍니다. 절망적인 어떤 문제가 있습니까? 주님을 신뢰하고 주님만 바라보십시오. 그러면 주님께서 여러분의 기도를 이끄실 것입니다. 믿음의 기도를 일으키시고, 찬송과 감사를 주시고, 상상하지 못했던 기도를 하게 하실 것입니다.

주님은 정직한 자의 기도를 기뻐하십니다. 주님이 기뻐하시면 그것으로 충분합니다. 우리가 정말 예수님을 모시고 살면서 기도하면 하나님은 그것으로 기뻐하십니다. 그다음에는 주님이 하십니다. 우리는 주님이 하신 일을 보게 될 것입니다. 우리 주위에 있는 사람들이 우리를 통해서 엄청난 은혜를 받게 될 것입니다. 가정도 살고, 직장과 일터도 살아납니다. 주님의 몸 된 교회가 뜨겁게 하나님의 역사를 이루게 될 것입니다.

주님을 기쁘시게 하는 기도

1 기도 응답은 걱정하지 않습니다. 오직 주님과 온전히 하나가 되게 하소서.

2 주님을 바라보는 것이 세상 어떤 기쁨보다 더 큰 기쁨이 되게 하소서.

3 가정이나 일터와 교회의 모든 영역에서 정직한 자의 기도로 주의 일을 하게 하소서.

11

하나님께서
복음 전하는 일을 기뻐하신다

우리에게 복음을 전하라고 하는 것은 우리가 먼저 복음을 누리게 하시려는 것입니다. 자신도 누리지 못하는 복음을 어떻게 다른 사람에게 전할 수 있겠습니까?

하나님께서 복음 전하는 일을 기뻐하신다는 말을 처음 듣는 그리스도인이 있습니까? 그것이 어떤 뜻인지 궁금하신 분이 있습니까? '세상에 그런 말이 있느냐'며 놀라워하는 분이 있습니까? 아마 없을 것입니다. 너무 뻔한 이야기를 하고 있다고 생각할 것입니다. "전도 열심히 하라"는 말이라는 것을 다 알 것입니다. 이처럼 뻔한 말을 해야 할 때 설교자의 마음은 무거워집니다. 성도들이 미처 깨닫지 못했던 말씀, 그래서 다들 깜짝 놀라고 관심을 가질 만한 말씀을 전하고 싶기 때문입니다. 제가 하나님께서 복음 전하는 일을 기뻐하신다는 말씀을 전하는 것이 처음에 힘들게 느껴진 이유입니다.

그런데 말씀을 준비하며 기도하는데 갑자기 마음에 떠오르는 질문이 있었습니다. "그래서 전도를 하느냐?"였습니다. 하나님께서 복음 전하는 일을 기뻐하신다는 것은 알지만, 알아도 전도하지 않는다면 그것은 제대로 아는 것이 아닙니다. 하나님께서 전도하는 것을 기뻐하신다는 것을 정말 알고 있다면 전도하지 않을 수 없을 것입니다.

여러분 안에 예수님이 계신 것을 아십니까? 아마 안다고 대답할 것입니다. 그렇다면 여러분은 두려움도 염려도 없습니까? 은밀한 죄도 없습니까? 항상 기쁘고 쉬지 않고 기도하고 범사에 감사합니까? 만약 그렇지 않다면 그 사람은 예수님께서 자기 안에 거하신다는 것을 정말 알고 있는 것이 아닙니다. 예수님이 자기 안에 계신 것을 정말 알면 염려와 두려움이 사라집니다. 어린아이가 부모님과 함께 있는 것만으로 평안함을 느끼듯이 예수님이 자기 안에 계신 것만으로 우리는 완전한 평안을 누리게 됩니다. 그런 사람에게 두려움과 염려가 있을 수 있겠습니까?

우리가 이 세상에 사는 동안에 믿고 의지할 분이 예수 그리스도 외에 또 누가 있겠습니까? 그 주님께서 지금 우리 안에 계신 것입니다. 그런데 평안을 누리지 못한다면 문제가 있는 것입니다. 그러면서도 자신은 예수님이 내 안에 계신다는 것을 알고 또 믿는다고 생각합니다. 그러니 신앙생활이 혼란스럽고 영적으로 방황하는 것입니다.

하나님께서 복음 전하는 일을 정말 기뻐하십니다. 그런데 솔직히 우리는 이 사실을 아직도 잘 모릅니다. 그렇기 때문에 집중해서 살펴볼 필요가 있습니다.

전도는 된다!

예수님께서 온 인류를 구원하기 위하여 십자가에서 죽으셨습니다. 그런데도 여전히 지옥에 가는 사람이 있는 이유가 무엇일까요? 그 사람에게 "예수님께서 당신을 위해 십자가에서 죽으시고 모든 죄에서 구원하셨다"라는 복음을 전해주는 사람이 없으면 그렇게 되는 것입니다. 예수님은 십자가에서 죽으셨지만, 이를 전해주는 사람이 없어서 복음을 듣지 못한 사람은 지옥에 가게 됩니다. 여기에 하나님의 안타까움이 있는 것입니다.

> 그런즉 그들이 믿지 아니하는 이를 어찌 부르리요 듣지도 못한 이를 어찌 믿으리요 전파하는 자가 없이 어찌 들으리요 롬 10:14

우리는 쉽게 "전도가 참 어렵다", "전도할 사람이 없다"는 말을 하곤 합니다. 그러나 무슨 말이든 잘 분별해서 해야 합니다. 말에는 하나님께서 기뻐하시는 말이 있고, 마귀가 기뻐하는 말이 있습니다. "전도가 참 어렵다", "전도가 안 된다",

"전도할 사람이 없다"라는 말이 과연 하나님이 주시는 생각일까요? 마귀가 주는 생각일까요? 당연히 마귀가 주는 생각입니다.

전도 못하게 하려고, 전도할 마음을 빼앗아가려고, 전도할 의욕 자체를 꺾어버리려고 주는 생각입니다. 얼마나 많은 그리스도인이 마귀가 좋아하는 말을 하고 있는지 모릅니다. 하나님께서는 "전도는 된다", "지금도 구원할 자가 있다"라고 하십니다. 그러므로 어떤 말을 하든지 반드시 하나님께서 기뻐하시는 말을 해야 한다는 의식을 가져야 합니다. 부부 사이에도, 자녀를 양육할 때도, 직장 동료들 사이에서도 말로 하나님을 기쁘시게 할 수도 있고, 하나님의 마음을 아프게 할 수도 있습니다.

이스라엘 백성이 가데스바네아에서 가나안 정탐을 하고 왔을 때 여호수아와 갈렙은 말로 하나님을 기쁘게 했고, 다른 정탐꾼들은 말로 하나님을 진노하게 했습니다. 무슨 말을 하느냐에 따라서 이렇게 차이가 나니 말 한마디도 정말 기도하고 해야 합니다. 이왕 할 거면 하나님이 역사할 수 있는 말을 해야 합니다.

새롭게 열린 전도의 문

전도는 주님의 지상명령입니다. 예수님께서 부활하신 후 승천하시기 전 제자들에게 마지막으로 당부하신 말씀이기도 합니다. 모든 족속에게 가서 복음을 전하여 제자 삼고 세례를 주고 주님이 가르치신 것을 가르쳐 지키게 하라고 하셨습니다. 복음을 전하여 그들의 영혼을 구원하고 그들을 제자 삼는 일은 우리에게 주신 주님의 가장 중요한 명령입니다. 예수님이 이 땅에 오신 것도 영혼을 구원하기 위해서입니다.

> 인자가 온 것은 잃어버린 자를 찾아 구원하려 함이니라 눅 19:10

지옥에 갈 수밖에 없는 이들을 구원하기 위해 예수님이 이 세상에 오신 것도 전도하기 위해서였습니다. 예수님의 십자가와 부활의 목적도 전도이며 성령을 주신 목적도 전도였습니다. 이처럼 예수님께서 성육신하시고 십자가에서 죽으시고 부활하시고 성령으로 임하셨음에도 여전히 수많은 사람들이 지옥에 가는 것은 우리가 전도해야 할 사명을 제대로 감당하지 못하기 때문입니다.

우리는 계속해서 전도가 너무 어려워졌다는 생각만 하는데, 예전에도 전도가 쉬웠던 적은 한 번도 없었습니다. 물론 코로나19 확산으로 전도가 어려워진 것은 사실입니다. 마스크를 쓰고 살아야 한다는 것이 전도가 얼마나 어려워졌는지를 상징적으로 보여주기도 합니다. 축호전도, 노방전도, 전철전도, 광장전도가 다 어려워졌습니다. 비대면 시대가 되어 가족이나 친척이나 친구를 만날 기회 자체가 줄어들기도 했습니다. 교회 새가족 등록도 그 어느 해보다 적었습니다.

그렇다고 전도를 못하는 상황은 아니었습니다. 코로나19 때문에 닫힌 문이 있었지만 새롭게 열린 문도 있었습니다. 바로 '온라인 전도'입니다. "전도하려고 해도 사람을 만날 수 없습니다." 그런데 아닙니다. 지금은 온라인에서 많은 사람들이 서로 만나고 교제하고 정보를 나누며 살아갑니다. 코로나19 때문에 그런 세계가 열려 있음을 더 발견하게 된 것입니다. 사람들은 인터넷으로 24시간 만남이 가능하고 제약 없이 누구에게나 접근할 수 있습니다. 따라서 인터넷을 이용하면 언제 어디서나 모든 그리스도인이 복음을 전할 수 있는 가능성이 어느 때보다 높아졌습니다.

예전에는 복음을 전할 접촉점을 마련하기가 어려웠습니다. 복음에 관심을 가지는 사람을 전도집회 현장에 데려오는 과정에서 여러 고비를 넘어야 했습니다. 마귀가 절대로 그 영혼을 놓치지 않으려고 하기 때문입니다. 만나서 직접 복음을 전

할 수 있지만 복음을 전하는 것이 미숙한 사람들은 시도조차
하기 어려워합니다.

그런데 온라인 세상 속에서는 클릭 한 번만 하면 바로 복음
전도 메시지가 열립니다. 갈급한 마음만 있으면 혼자서 전도
집회에 참석할 수 있습니다. 시간을 정해둘 필요도 없이 언제
든지 복음 메시지와 영상을 볼 수 있습니다. 온라인에서는 시
간이나 공간에 구애받을 필요가 없습니다. 오히려 전도하기
에 너무 좋은 환경입니다.

복음 전도의 통로를 여시는 하나님

로마 제국이 자기들이 다스리는 전 지역을 효율적으로 통치
하기 위해 길을 닦고 언어를 통일시키고 법을 통일시켰습니
다. 그런데 그것이 당시 세계에 복음이 빠르게 확산되는 엄청
난 공헌을 하였습니다. 하나님의 섭리였던 것입니다. 지금도
그런 일이 벌어지고 있다고 보아야 합니다. 인터넷은 모든 사
람에게 24시간 어느 때나 다가갈 수 있는 최상의 연결점이 되
어 선교가 제한적인 지역의 사람들에게도 이어지고 있습니다.
물론 그에 따르는 부작용이나 혼란도 있지만, 복음 전도에 새
로운 세계가 열린 것은 분명합니다.

이슬람 국가에서는 공개적으로 전도할 수 없습니다. 그런데도 예수를 믿는 사람들이 계속 나옵니다. 그들 중에는 환상 중에 예수님을 만났다고 고백하는 이들이 있습니다. 놀라운 일입니다. 그러나 그런 사람은 지극히 소수입니다. 대부분의 사람들은 인터넷으로 복음을 들었습니다. 코로나19로 복음 전도에 큰 어려움이 생겼지만, 온라인 세계 속에서는 오히려 복음 전도의 문이 활짝 열려 있습니다.

요즘 인터넷에서 정보를 얻는 방법도 변화가 빠릅니다. 요즘 청소년들은 유튜브에서 동영상으로 자기가 원하는 정보를 검색하고 있습니다. 다음세대가 동영상으로 정보를 얻는다면 복음 전도 역시 문서보다 동영상으로 제시해야 할 것입니다. 그래서 복음을 담은 영상의 제작이 매우 중요해졌습니다. 이제는 영상이 중요한 통로가 되었습니다.

복음을 전하는 일은 어느 시대나 어려움을 겪었지만, 한 번도 중단되지 않고 계속 진행되고 있습니다. 분명한 것은 하나님께서 결코 복음 전도의 문이 닫히게 내버려두지 않으신다는 것입니다. 복음 전하는 것이 하나님의 가장 큰 관심이기 때문입니다. 하나님께서 어떤 상황에서도 복음 전할 수 있는 문을 열어두신다는 것을 믿어야 합니다.

한 영혼을 하나님의 마음으로 품는 일

많은 그리스도인들이 전도하기가 힘들다고 생각하지만 실제로 전도는 굉장히 쉽습니다. 주님이 직접 하시는 일이기 때문입니다. 우리가 할 일은 잃어버린 영혼을 하나님의 심정으로 품는 것뿐입니다. 잃어버린 자식을 향한 부모의 마음이 구원받지 못한 영혼들을 향한 하나님 아버지의 마음입니다. 그들이 복음을 듣고 주께로 돌아올 때 너무나 기뻐하시는 아버지의 마음으로 하나님께 기도하는 것이 전도입니다. 우리가 그 마음을 품으면, 하나님께서 우리를 통해서 영혼을 구원하는 일을 하십니다.

> 사람의 마음을 꿰뚫어 보시는 하나님께서는, 성령의 생각이 어떠한지를 아십니다. 롬 8:27 새번역

하나님께서는 우리 마음을 다 아십니다. 그러니까 우리가 예수 믿지 않는 영혼을 마음에 품고 그를 위해 간절한 마음으로 기도하는 것만으로도 하나님을 너무나 기쁘시게 하는 것입니다. 여러분, 한 영혼을 품고 계십니까? 그렇다면 놀라운 일입니다.

일제시대 평안북도 영변 산골짜기 마을에 살던 할머니 한

분이 선교사님이 준 전도지를 통해 예수님을 믿고 교회에 나오게 되었습니다. 그리고 한학자였던 그의 아들이 교회에 나오게 되었는데, 그 당시 글을 아는 사람, 성경을 읽어줄 수 있는 사람이 드물었기 때문에 선교사님이 그를 평신도 사역자로 세웠습니다. 선교사님이 순회 예배를 드리거나 안 계실 때는 기도회를 인도하였습니다. 그 후에 그가 목사가 되었습니다. 할머니가 예수를 믿었는데 아들이 목사가 된 것입니다. 그리고 그 아들이 목사가 되고, 그 아들이 또 목사가 되었습니다. 그 사람이 저입니다.

한 영혼을 품는 것은 이처럼 대단한 일입니다. 우리가 어떤 한 사람을 전도하려는 마음을 품으면 그 사람만 구원받는 것이 아닙니다. 어떤 결과로 이어질지 상상이 안 되는 것입니다. 여러분이 품은 한 사람, 두 사람, 세 사람 그 속에서 도시 구원의 역사가 나타날 수 있습니다. 그 모든 것을 아시는 분이 하나님이십니다. 그러니 꼭 기억해야 합니다. 한 영혼을 품는다는 것 자체가 사실 우리가 생각할 수 없는 엄청난 일입니다.

한국 교회에 뿌려진 복음의 씨앗

우리나라에 처음 선교사가 와서 복음을 전해주었을 때 사람들이 그들을 환영했을까요? 언더우드 선교사가 남긴 기록에 의하면 우리나라는 정말 복음이 전해질 소망이 하나도 없었습니다. 우리나라 사람들이 예수를 믿고, 이 땅에 교회가 선다는 것은 그 당시로는 믿어지지 않는 일이었습니다. 처음 복음이 들어왔을 때 전도는 상상할 수 없이 어려웠습니다. 그런데 지금 어떻게 되었습니까? 상상할 수도 없는 그 일이 일어났습니다. 선교사들이 우리 민족을 품으니 우리 민족이 살아난 것입니다.

마포구 합정동 양화진에 가면 선교사들의 묘지가 있습니다. 그곳에는 갓난아기들의 무덤과 20대 선교사들의 무덤도 많이 있습니다. 한국에 선교하러 왔다가 풍토병에 걸리기도 하고, 젊은 선교사가 아기를 낳은 후 산후 관리가 안 되어 일찍 죽은 것입니다. 그들은 지금처럼 한국에 교회가 서고 많은 사람들이 예수를 믿을지 알지 못하였고, 그 당시 한국은 전도의 가능성이 없는 곳, 복음의 씨가 제대로 뿌려지지 않을 것 같은 곳이었습니다. 그런데도 20대 청년들이 주님의 마음으로 우리나라를 마음에 품고 자신의 생명을 바쳐서 복음을 전한 것입니다.

그 열매가 지금 열린 것입니다. 어느 민족을 마음에 품는다는 것은 보통 일이 아닙니다. 그래서 전도의 시작은 구원받지 못한 사람, 가정, 민족이 마음에 들어오는 것입니다. 그것을 하나님이 얼마나 기뻐하시는지 모릅니다. 마음에 영혼을 품을 때 기도가 나오는 것, 그것이 엄청난 전도입니다.

여러분은 후원하는 선교사님이 계십니까? 아직 없으신 분들은 선교사 후원회에 가입해서 선교사와 그 나라를 위해서 기도하시기 바랍니다. 비록 선교사로 나가지 못하였더라도 어느 나라와 민족을 마음에 품는 것만으로도 놀라운 열매가 맺어지는 것입니다.

전도할 대상도 방법도 주님이 주관하신다

전도가 된다 안 된다 하지 말아야 합니다. 전도는 전적으로 주님이 하시는 것입니다. 어떤 사람, 어느 가정, 어느 나라가 우리 마음에 들어오는 것도 주님이 하시는 것입니다. 그리고 마음에 품은 영혼을 위해 기도하는 것도 주님이 하시는 것입니다. 주님이 그렇게 하시겠다고 약속하셨습니다.

내가 너희에게 분부한 모든 것을 가르쳐 지키게 하라 볼지어다
내가 세상 끝날까지 너희와 항상 함께 있으리라 하시니라

마 28:20

제자들에게 대책 없이 복음을 전하라고 명령하신 것이 아닙니다. 주님이 항상 함께하시니 담대히 복음을 전하라는 것입니다. 그래서 복음이 전파되는 것입니다. 주님이 우리 마음에 오셔서 우리를 전도하도록 이끄시는 것입니다. 전도의 주도권을 주님이 가지고 계신다는 말입니다.

> 오직 성령이 너희에게 임하시면 너희가 권능을 받고 예루살렘과 온 유대와 사마리아와 땅 끝까지 이르러 내 증인이 되리라 하시니라 행 1:8

복음을 전하는 능력이 성령으로부터 옵니다. 전도하고 싶지만 전도할 자신이 없다면 전도하게 해달라고 기도하면 됩니다. 정말 하나님께 누구에게 전도해야 하느냐고 기도하면 신기하게 전도할 사람이 생각납니다. 그렇다면 생각난 그 사람이 아무리 예수 믿을 가능성이 없어 보여도 포기하지 말고, 주님이 그 사람을 구원할 것이라는 믿음을 가지고 나아가야 합니다. 전도도, 전도 대상자 작정도 주님이 하시는 것입니다. 어떻게 전도할지 역시 주님이 하시는 일입니다.

전도를 열심히 훈련하시는 전영배 목사님이 이런 이야기를 했습니다. 어느 여성도가 10년 동안이나 남편을 전도했는데 성공하지 못했습니다. 교회에서 태신자를 작정할 때마다 남편을 위해 기도했습니다. 금식도 하고 기도원에도 가는데, 남편은 교회에 나오지 않았습니다.

그런데 어느 날 남편을 구원해달라고 기도만 하지 말고, 주님께 어떤 계획이 있는지 물어봐야겠다는 생각이 들어 주님께 귀를 기울이기 시작했다고 합니다. 그러자 남편이 예수 믿기만 바라지 말고 남편이 예수를 믿도록 남편이 좋아할 일을 하라는 생각이 들었고 "그럼 제가 무엇을 해야 되겠습니까?"라고 기도하자 뜻밖에 남편의 차를 세차하라는 마음을 받았습니다. 10년이나 남편을 위해서 금식도 하고, 철야기도도 하고, 기도원에도 갔지만 한 번도 세차를 한 적은 없었습니다. 주님의 음성을 들은 여성도는 바로 세차를 시작했고 차의 안팎을 정말 깨끗하게 세차했습니다.

그러자 세차된 차를 본 남편이 깜짝 놀라더랍니다. 그 성도님이 남편에게 이렇게 말했습니다. "여보, 오늘 하나님께 기도하는데 하나님께서 책망하셨어요. 남편을 제대로 대접하지도 않으면서 교회 가자고 하는 것은 옳지 않다는 것이었어요. 그러면서 당신 차를 세차해주라고 하셔서 오늘 세차를 했어요." 그러자 남편이 감동을 받는 것 같더니 다음 주일에 교회를 나왔다는 것입니다.

물론 모든 상황이 이렇게 드라마틱하지는 않을 것입니다. 하지만 분명한 것은 전도할 대상자도, 전도하는 방법도 전부 주님이 주관하신다는 것을 믿어야 한다는 것입니다. 그러면 전도를 하면서 주님이 함께하시고 역사하시는 것을 구체적으로 경험하게 됩니다.

전도하기 위한 성령충만함의 복

우리가 전도를 하려면 성령충만해야 합니다. 성령충만해야 전도가 됩니다. 사무실에 가면 '외출 중', '회의 중', '부재 중'이라는 팻말이 붙어 있듯이 우리의 삶은 항상 '성령충만 중'이어야 합니다. 우리가 예수님과 동행하고 사는 것 자체가 성령충만입니다. 우리가 늘 예수님을 바라보고, 주님과 동행하고, 나는 죽고 예수로 산다는 말이 전부 성령충만의 다른 표현입니다. 이것이 우리의 명찰이 되어야 합니다.

　성령충만한 사람은 쉽게 전도하게 됩니다. 전도란 영혼을 마음에 품은 사람이 주님의 이끌림을 받아 구원받지 못한 사람들을 주께로 돌아오게 만드는 일이기 때문입니다. 그래서 "하나님, 전도해야 하니까 성령충만하게 해주세요. 사람이 구원받는 것이 사람의 힘으로 되지 않고 오직 하나님의 영으로 된다고 하셨으니까 제 주변에 있는 사람들이 저를 통해서 예수님을 믿을 수 있도록 성령충만함을 주세요"라고 기도해야합니다. 이 기도를 주님이 어떻게 기뻐하지 않을 수 있겠습니까? 응답 안 해주실 이유가 전혀 없습니다. 주님은 구하는 자에게 성령을 주시겠다고 말씀하셨습니다.

> 너희가 악할지라도 좋은 것을 자식에게 줄 줄 알거든 하물며 너희 하늘 아버지께서 구하는 자에게 성령을 주시지 않겠느냐 하시니라 눅11:13

전도는 엄밀히 말해 우리 자신에게 엄청난 축복입니다. 영혼을 구원하려니까 늘 성령충만하게 살아야 하기 때문입니다. 무능한 사람도 성령충만함을 받으면 유능해지고, 어리석은 사람도 성령충만함을 받으면 지혜로워지고, 용기가 없어서 두려움 속에 있는 사람도 성령으로 충만해지면 담대한 사람이 됩니다. 또 사랑이 없어서 메마른 사람도 성령충만을 받으면 사랑의 사람이 됩니다. 순종할 수 없던 사람이 성령충만을 받으면 그 능력으로 순종할 수 있습니다. 전도하지 않던 사람이 성령충만하면 전도하게 됩니다.

이처럼 성령충만함은 예수 믿고 누리는 가장 큰 복입니다.

안타까운 것은 어떤 분들은 성령충만을 평생 한 번 정도 받는 것인 줄 압니다. 한 번도 성령충만하지 못한 채 인생을 끝내는 그리스도인들도 많습니다. 그것은 믿음에 문제가 있기 때문입니다. 성령충만함은 일평생 한 번 받거나 그마저도 못 받고 끝나는 것이 아닙니다. 예수님과 동행한다면 예수님을 믿고 사는 것 자체가 성령충만입니다. "예수님과 동행하자", "나 죽고 예수로 살자"는 것이 사실은 성령충만함을 말하는 것입니다. 이왕 예수를 믿었으면 제대로 믿어야 합니다. 그 열매가 전도로 나타나는 것입니다.

복음의 능력을 누리는 삶의 간증이 전도다

하나님께서 그토록 복음을 전하게 하시는 이유는 복음에 능력이 있기 때문입니다.

> 복음은 모든 믿는 자에게 구원을 주시는 하나님의 능력이 됨이라
> 롬 1:16

복음은 구원의 능력입니다. 죄사함을 받는 능력, 용서받는 능력, 우리의 영이 사는 능력, 기쁨이 일어나고 감사가 일어나

고 사랑이 뜨겁게 일어나는 능력입니다. 병든 몸이 고침을 받고, 불화로 가득한 가정이 천국처럼 하나가 되고, 늘 도움만 받던 삶이 돕고 베풀고 나누는 삶이 되는 것이 전부 복음의 능력입니다.

우리에게 복음을 전하라고 하는 것은 우리가 먼저 복음을 누리게 하시려는 것입니다. 자신도 누리지 못하는 복음을 어떻게 다른 사람에게 전할 수 있겠습니까? 전도가 안 되는 이유는 예수를 믿고도 복음을 실제로 누리지 못하기 때문입니다. 하나님께서 우리에게 복음을 전하라 명령하시는 이유는 먼저 우리에게 복음의 능력을 누리는 문을 여시려는 것입니다. 우리가 성령충만해서 복음의 능력으로 구원을 받고, 용서를 받고, 몸이 치유되고, 가정이 하나 되고, 기쁨과 감사로 살게 하시는 것입니다. 십자가에서 드러난 말할 수 없는 하나님의 사랑을 충만하게 누리는 것입니다.

그 사랑이 자신도 모르게 다른 사람들에게 흘러나가는 것이 전도입니다. 성령충만하여 복음의 능력을 누리는 삶을 간증하는 것이 전도입니다. 그러므로 전도는 결코 의무가 아닙니다. 의무감만으로는 끝까지 전도할 수 없습니다. 자신이 누리는 복음의 능력을 사람들에게 간증하는 것이 "복음을 전하라"는 명령의 핵심입니다.

전도하지 않으면 우리가 다 영적으로 죽습니다. 기독교 역사에서 전도의 중요함을 깨닫지 못하여 영적 메마름에 빠졌던 시기가 있었습니다. 중세기, 경건하게 살고 하나님께 헌신하여 살기를 원하는 많은 젊은이들이 수도원에 들어가 평생 결혼하지 않고 모든 영화와 물욕과 쾌락을 멀리하고 고행하며 일평생 하나님께 자신을 드리려고 노력했습니다. 전도해야 한다는 것을 몰랐습니다. 아무리 동기가 좋더라도 전도가 그치니 그 시대가 암흑으로 덮인 것입니다.

우리가 예수님과 동행하려고 하는 것은 예수님만 바라보며 살자는 것이 아닙니다. 예수님이 우리를 이끄시는 대로 살자는 것입니다. 주님과 함께하는 기쁨을 우리만 누리지 말고 우리가 살고 있는 세상 가운데 증인으로 쓰임 받기 위함입니다. 가정에서도, 직장에서도, 교회에서도 전도하는 것이 목적입니다. "하나님, 무엇하시려고 나를 구원하셨습니까?" 한번 물어보십시오. 단순히 천국 가도록 하게 위해서입니까? 그렇다면 하나님께서 벌써 데려가셨을 것입니다. 천국이 여기보다 훨씬 좋습니다. 그러면 왜 이 세상에 살게 하십니까? 전도하라는 것입니다. 우리가 여전히 이 세상에서 살고 있다는 것은 주님의 뜻이 있다는 것입니다. 바로 전도입니다. 우리가 복음의 능력을 누리며 살면서 주위 사람들에게 예수님을 증거하고 복음을 전하여 그들도 구원받게 하는 것이 하나님의 계획입니다. 그 계획이 자기 자신을 통하여 이루어지게 해주시기를 간절히 기도하기를 바랍니다.

주님을 기쁘시게 하는 기도

1. 예수 믿고 구원받아야 할 가족, 친척을 위하여 기도합시다.
2. 예수 믿지 않는 주위 사람들의 이름을 부르며 기도합시다.
3. 성령으로 충만하여 복음의 능력을 누리며 살게 하시고 그 간증으로 전도하게 하소서.

하나님께서
공의로운 세상을 기뻐하신다

정말 공의로운 삶을 살려면, 세상 어떤 사람보다도 예수님이 더 크신 분이라 믿어져야 합니다. 그러면 어떤 고난의 상황 속에서도 담대히 하나님께서 기뻐하시는 뜻대로 살 수 있습니다.

《월요일의 그리스도인》(생명의 말씀사)이라는 책을 쓴 최영수 목사님은 직장 사역을 하시는 귀한 목사님입니다. 그 분이 어느 크리스천 기업이 광고판에 '주일은 주님과 함께'라는 문구를 내건 일화를 언급하였습니다. 우리나라 사회에서 기업이 기독교 신앙을 공개적으로 표방하다보면 이익보다 손실이 생기게 마련이라는 것입니다. 그럼에도 불구하고 주일에 영업을 하지 않고 주일을 거룩히 구별하여 지키겠다는 신앙의 결단을 표현한 것은 대단한 용기가 필요한 일이라는 것입니다. 그러나 일터 사역을 하는 목사로서 주일만 잘 지키면 되는 것인지 다시 생각해보게 되었다고 했습니다. 우리가 월요일부터 토요일까지 일터에서 어떻게 생활하느냐가 더 중요하게 느껴졌기 때문입니다. 특히 불신자들의 눈에 더욱 그렇다는 것입니다.

그동안 한국 교회는 주일성수를 강조해왔습니다. 그래서

교회는 성장했습니다. 반면에 한국 교회는 세상에서 영향력을 거의 갖지 못하고 말았습니다. 왜냐하면 주일이 아닌 일상생활에서 어떻게 구별되어야 하는지를 가르치지 않았기 때문입니다. 불신자들은 우리가 주일을 주님과 함께 온전히 예배드리는 날로 지키는 것에 감동하지 않습니다. 월요일부터 토요일까지 그들과 함께 직장생활하고 사업하면서 예수 믿는 사람이 예수 믿는 사람다운 모습을 보여주어야 감동하기 때문입니다.

구원받은 성도의 자녀를 위한 기도

여러분은 하나님의 나라 백성, 하나님의 자녀가 맞습니까? 우리가 정말 하나님의 자녀인지, 구원받은 하나님의 백성인지 알 수 있는 성경적인 뚜렷한 증거가 있습니다. 하나는 의를 행하는 것이고, 다른 하나는 형제를 사랑하는 것입니다.

> 이러므로 하나님의 자녀들과 마귀의 자녀들이 드러나나니 무릇 의를 행하지 아니하는 자나 또는 그 형제를 사랑하지 아니하는 자는 하나님께 속하지 아니하니라 요일 3:10

의를 행하는 것과 형제를 사랑하는 것이 구원받은 성도의 가장 중요한 증거라는 사실을 잊으면 안 됩니다. 시편 72편은 다윗이 자기 아들 솔로몬을 위해서 하나님께 드리는 기도의 내용인데, 다윗은 가장 먼저 하나님의 판단력과 하나님의 공의를 부어달라고 기도했습니다.

하나님이여 주의 판단력을 왕에게 주시고 주의 공의를 왕의 아들
에게 주소서 시 72:1

다시 말하면 "하나님, 내 아들 솔로몬이 하나님의 공의로운 왕이 되게 해주십시오"라고 하는 것입니다. 우리도 자녀들을 위해서 기도할 때 "하나님, 내 아들딸이 정의감이 투철한 사람이 되게 해주세요. 의로운 사람이 되게 해주세요"라고 기도하여야 할 것입니다. 많은 그리스도인들이 자녀를 위하여 기도하면서 공부 잘하고, 좋은 직장에 들어가고, 좋은 사람을 만나 결혼하고, 건강하고, 성공하게 해달라고 기도합니다. 그러나 그 점만 보면 세상 사람들과 다를 바가 없습니다. 구원받은 자의 자녀를 위한 기도는 세상 사람들의 기도와 달라야 합니다.

물론 다윗도 자신의 아들 솔로몬이 강대한 제국의 왕이 되

게 해달라고 기도했습니다.

> 왕이 이 바다에서 저 바다에 이르기까지, 이 강에서 저 땅 맨 끝
> 에 이르기까지, 모두 다스리게 해주십시오. … 모든 왕이 그 앞에
> 엎드리게 하시고, 모든 백성이 그를 섬기게 해주십시오.
> 시 72:8-11 새번역

그러나 우리가 주목할 것은 다윗이 아들의 번영을 위한 기
도를 드리기 전에 먼저 기도한 내용입니다.

> 그가 다스리는 동안, 정의가 꽃을 피우게 해주시고, 저 달이 다
> 닳도록 평화가 넘치게 해주십시오. 시 72:7 새번역

다윗은 아들이 왕이 되어 다스리는 나라의 정의가 꽃을 피
우게 해달라고 먼저 기도한 후, 온 세상을 다스리는 강대한
왕이 되게 해달라고 기도했습니다. 이 점이 하나님께서 다윗
을 사랑하셨던 이유였을 것입니다. 우리도 자녀를 위해서 많
이 기도해야 하지만, 다윗처럼 기도해야 할 것입니다. 그것이
하나님을 기쁘시게 하는 기도이기 때문입니다.

정의가 꽃을 피우게 하소서

이처럼 다윗이 하나님의 판단력과 공의를 달라고 기도한 것은 재판 때문입니다. 당시 왕은 최고 재판관이었습니다. "짐이 곧 법이다"라고 말한 절대군주도 있었습니다. 사람을 죽이고 살리는 권한이 왕에게 있었고 그것이 권력이었습니다.

하지만 다윗의 생각은 달랐습니다. 그는 왕이 재판한다는 것이 얼마나 중요한 일인지 알고 있었습니다. 자신이 왕으로 지내면서 자신이 너무나 판단력이 부족하다는 것을 절감했던 것 같습니다. 그리고 왕은 하나님의 대리자로서 힘이 없고 가난한 백성을 위한 존재임도 알았습니다. 자신이 잘못된 판결을 하면 억울한 죄인이 생긴다는 것을 알았습니다. 특별히 힘없고 가난한 백성들의 경우에 더욱 그렇습니다. 그래서 재판할 때마다 정말 간절히 하나님께 올바른 판단력을 달라고 묻고 또 물으며 기도하였습니다. 그래서 자신의 아들인 솔로몬도 재판을 잘하여 정의가 꽃을 피우게 해달라고 기도한 것입니다.

여러분은 "정의가 꽃을 피우게 하소서"라고 기도하십니까? 가난하고 억울하고 고난당하는 사람의 심정을 생각할 때 마음이 애통하십니까? 우리는 본성적으로 이기적인 존재라 공의에 대하여 알지만 좋아하지는 않습니다. 자신이 억울한 일을 당했을 때는 "정의가 꽃을 피우게 하소서"라고 기도하지만, 권력을 얻은 후에는 정의를 헌신짝처럼 내버립니다. 그래서 공의와 정의를 부르짖고, 평등을 외치는 사람들이 실제로는 자신의 이익을 추구하는 경우를 많이 봅니다. 그래서 정의를 외치는 이들이 위선자일 가능성이 많습니다. 그가 특별히 나쁜 것이 아니라 우리의 본성이 이기적이기 때문입니다.

그러므로 진정 정의가 꽃피우기를 원하는 마음을 갖는 것은 하나님의 은혜로 거듭난 사람만이 할 수 있는 일입니다. 정의를 귀하게 여기고, 그것을 위해 기도하고, 그렇게 사는 사람은 영이 거듭나서 하나님의 생명으로 사는 사람입니다. 다윗이 왕이면서 이런 마음을 품은 것이 특별한 것입니다. 이것이 하나님께서 다윗을 기뻐하신 이유입니다. 다윗은 하나님과 마음이 통하는 사람이었던 것입니다. 우리는 분명히 알아야 합니다. 하나님은 이 세상이 공의로운 세상이 되는 것을 너무너무 기뻐하십니다. 그것이 성도가 존재하는 이유이기도 합니다.

성령의 역사에는 하나님의 공의와 사랑이 함께 나타난다
이단에 속한 교회에 나가는 아내를 둔 남편과 상담한 적이 있었습니다. 남편은 그 교회가 이단이며 담임목사의 비행에 대한 언론보도가 수차례 있었음을 아내에게 강조하며 교회를 나오도록 설득하였지만 그 분의 아내가 남편의 말을 받아들이지 않아 부부 사이가 심각한 상태에 있었습니다. 그러다가 "우리 목사님에게 상담 한 번만 받아보자"는 남편의 간청으로 부부가 함께 저를 찾아왔습니다.

제가 아내 분에게 그 교회의 여러 나쁜 소문에 대하여 알고 있는지 물었을 때 자신도 자기 교회와 담임목사에 대하여 언론에 보도가 된 것들을 안다고 대답하였습니다. 그러면 왜 그 교회를 계속 나가느냐고 물으니 이렇게 대답했습니다. "기적이 매주 나타나요! 주일예배 때마다 병든 자들이 고침을 받습니다. 교회와 목사님에 대하여 안 좋은 소문도 들리고, 제가 보기에도 문제가 있기는 한데, 하나님께서 역사하지 않으면 이런 기적이 어떻게 일어나겠어요?" 이런 생각 때문에 그 교회에 계속 다닌다는 것입니다.

그래서 성경을 찾아가며 불법을 행하는 자들은 아무리 기적을 많이 행하여도 하나님과 상관없는 사람이라는 사실과 마지막 때는 악한 영도 죽은 자를 다시 살려내는 기적을 행한다고 하였음을 설명해주었지만, 말씀을 들으려고 하지 않았습니다.

우리가 다 성령의 역사를 갈망하지만 영 분별을 잘해야 합니다. 아무리 능력이 나타나고 기적이 일어나도 '불법을 행하는 일'이 드러난다면 그것은 성령의 역사라고 말할 수 없습니다. 그런 사람은 하나님의 사람이 아닙니다. 정말 성령께서 역사하시면 하나님의 공의와 하나님의 사랑이 함께 드러납니다. 진정한 성령의 역사는 공의만 있는 것도 아니고 사랑만 있는 것도 아닙니다. 사랑이 없으면 하나님의 공의가 아니고, 공의가 없으면 하나님의 사랑이 아닙니다.

예수님께서 친히 예를 들어 보여주셨습니다. 하루는 간음하다가 현장에서 잡힌 여인이 끌려와서 돌에 맞아 죽을 지경이 되었습니다. 그때 예수님께서 말씀하였습니다. "누구든지 죄 없는 자가 먼저 돌로 치라." 분명히 죄에 대하여 단호하게 돌로 치라 하셨습니다. 공의를 행하신 것입니다. 그런데 죄 없는 자가 먼저 돌로 치라고 하신 말씀에 사람들은 양심에 가책을 느끼고 모두 돌을 내려놓고 떠나갔습니다. 예수님께서는 혼자 남은 여인에게 말씀하셨습니다. "나도 너를 정죄하지 아니하노니 다시는 죄를 범하지 말라."

이 이야기에서 우리는 하나님의 공의가 무엇인지 알 수 있습니다. 하나님의 공의와 사랑이 함께 들어 있는 것입니다. 죄는 정말 무섭게 다스리지만, 예수님의 목적은 그 여인을 죽이려

하는 것이 아니라 살리려 함에 있었습니다. 성령의 역사는 이렇게 나타나는 것입니다. 공의와 사랑이 함께 이루어지는 것입니다.

나 자신에게 공의로, 다른 사람에게는 사랑으로

하나님께서 다윗의 기도를 들으시고 응답하셨습니다. 하루는 솔로몬이 재판을 하였습니다. 두 창녀가 한 집에 살다가 비슷한 날짜에 아이를 낳았는데 한 창녀가 자다가 자기 아이 위에 누워 자는 바람에 아이가 죽었습니다. 그러자 다른 창녀의 아이와 죽은 아이를 바꾸어 놓았습니다. 결국 살아 있는 아이가 서로 자기 아이라고 싸우다가 솔로몬이 이를 재판하게 되었습니다.

솔로몬이 말했습니다. "이 아이를 둘로 나누어 반은 이 여자에게, 반은 저 여자에게 주라." 그러자 아이의 친어머니 되는 이가 말했습니다. "청컨대 내 주여 이 아이를 저 여인에게 주시고 아무쪼록 죽이지 마옵소서." 그러자 다른 여인이 말했습니다. "내 아이도 되지 않고 저 여인의 아이도 되지 않도록 그 아이를 둘로 나누어주소서." 그 말을 듣고 솔로몬이 다시 판결을 내렸습니다. "이 아이를 첫 번째 여인에게 주고 결코 죽이지 말라. 저가 그 아이의 어미라.”

　정말 공의로우면서도 사랑이 함께하는 재판이었습니다. 성령께서 역사하시면 공의는 공의대로 사랑은 사랑대로 우리의 삶에 이루어집니다. 이것이 하나님께서 역사하시는 증거입니다.

　우리가 하나님의 자녀답게 살려면 공의로우면서도 사랑할 수 있어야 합니다. 그러면 어떻게 공의로우며 사랑할 수 있겠습니까? 이것은 너무나 중요한 문제입니다. 그러려면 우리 자신에게 공의로우며 다른 사람에게 사랑으로 대하면 됩니다. 이것이 뒤바뀌면 세상과 똑같아집니다. 자신에게는 사랑을 적용하고, 상대에게 공의를 적용하는 것이 타락한 인간의 본성입니다. 거듭난 사람은 공의는 자신에게 적용하고, 사랑은 상대방에게 적용합니다.

　성경은 “자녀를 노엽게 하지 말라”고 했지만, 많은 부모들이 자녀를 노엽게 합니다. 왜 그런가 하면 부모가 자기 자신에 대해서는 관용하고, 자녀에게는 엄격하기 때문입니다. 그래서 자녀들이 화가 나는 것입니다. 형제자매들끼리 싸우면 부모가 화를 내며 싸우지 말라고 야단을 치는데 가만 보니 부모님도 서로 싸우는 것입니다. 그래서 자녀들이 속으로 억울해 하는 것입니다. 자녀들이 공부하지 않고 놀고 있으면 부모가 야단을 칩니다. 그러면서 부모는 부모 하고 싶은 대로 행동합니다. 자신에게는 관대하고 자녀들에게는 엄격한 것입니다. 그것을 볼 때 아이들은 부모가 정의롭지 못하다고 느낍니다.

흔히 자신의 잘못은 어쩔 수 없는 일이고, 이해될 만한 일들이라 생각하면서 다른 사람에 대하여는 까다롭고 엄격합니다. 이것은 구원받은 성도의 가정과 교회의 모습이 아닙니다. 예수님이 주인이 아닌 것입니다. 예수님이 주인이시면 자신을 엄격하게 보고 상대방에 대해서는 끝까지 사랑의 기준을 적용합니다. 형제를 사랑하면서 하나님의 말씀대로 살고 있는지를 돌아보시기 바랍니다.

주님을 바라보는 사람만이 공의를 행할 수 있다

하나님께서 우리의 마음을 살피신다는 사실을 명심해야 합니다. 우리의 마음에 음욕이 있으면 하나님께서는 우리가 실제 간음하였다고 보십니다. 마음에 탐욕이 있으면 도적질한 것으로 보시고, 마음속에 거짓이 있으면 거짓말한 것과 같이 보시고, 미워하면 죽인 것과 같다고 여기십니다. 이것이 하나님의 기준입니다. 예수님을 정말 마음에 영접하여 주님이 함께 계신 것을 믿는 사람만이 공의로운 사람이 될 수 있습니다. 주님의 눈으로 자신을 보게 되니 다른 사람에 대해서 말하기 전에 자신부터 말씀 앞에 정직하게 서게 되는 것입니다.

그래서 정의와 공의를 행하려면 주님을 바라보는 눈이 열려야 합니다. 의를 행하는 것은 하나님을 향한 거룩한 두려움, 곧 경외함이 있다는 증거입니다. 정말 주님을 바라보는 사람만이 그렇게 할 수 있습니다. 저는 목회하면서 교회 안에서 참 안타깝기도 하고 두려운 교인들, 목회자들을 많이 만납니다. 화를 내고 큰 소리를 지르고 싸우려 들기도 합니다. 그렇게 화를 내고 소리지를 이유가 있다 하더라도 중요한 것은 주님 앞에서도 그렇게 소리지를 수 있겠느냐 하는 것입니다. 그냥 옳고 그른 판단만 있지 주님은 전혀 의식하지 않는 것입니다. 사사시대 사람들처럼 '자기 소견에 옳은 대로' 행하는 것입니다.

교인들 중에 자기도 모르게 주님을 무시하는 사람들이 있습니다. 주님이 함께하지 않으시는 것보다 주님이 함께하심을 믿지 못하여 말과 행동이 자기중심적인 경우가 더 두렵습니다. 예수님께서 마음에 계시는데도 그것을 모르기 때문입니다. 예수님이 마음에 계신데 소리지르고 교회 안에서 분란을 일으키고 말과 행동도 함부로 하는 것이 얼마나 끔찍하고 두려운 일입니까? 주님을 바라보는 영적인 눈이 뜨이고 나면, 기절초풍할 일이 아니겠습니까?

공의로운 삶을 위하여 고난도 각오하라

공의로운 사람, 정의를 꽃피우기를 갈망하는 사람은 예수님
이 자신과 함께 계시는 것이 진짜 믿어지는 사람입니다. 우리
가 공의로운 세상을 위하여 살려면 불의한 자로부터 고난당
할 각오를 해야 합니다. 예수님께서도 의를 행하는 자는 고난
을 당할 것이라고 말씀했습니다.

> 의에 주리고 목마른 자는 복이 있나니 그들이 배부를 것임이요
> 마 5:6

> 의를 위하여 박해를 받은 자는 복이 있나니 천국이 그들의 것임
> 이라 마 5:10

의롭게 살기 원한다면 고난도 각오해야 합니다. 그렇기 때
문에 정말 공의로운 삶을 살려면, 세상 어떤 사람보다도 예수
님이 더 크신 분이라 믿어져야 합니다. 그러면 어떤 어려운 고
난의 상황 속에서도 담대히 하나님께서 기뻐하시는 뜻대로 살

수 있습니다.

엘리야는 아합과 이세벨보다 하나님이 더 커 보였습니다. 그래서 바알과 아세라를 섬기는 선지자들과의 영적 싸움에서도 승리를 거둔 것입니다. 엘리사는 아람 군대가 자기를 죽이려고 도단 성을 포위했을 때도 두려워하지 않았습니다. 하나님이 함께하시고 천군천사들이 아람 군대보다 더 많다는 것을 믿었기 때문입니다. 다니엘은 바벨론에 포로로 잡혀갔지만 바벨론 왕보다 하나님이 더 크심을 믿었기에 하나님 말씀대로 살 수 있었습니다. 다윗은 하나님이 골리앗보다 더 크다는 것이 믿어지니까 담대하게 골리앗과 싸우러 나갔습니다.

우리는 자신이 가장 두려워하는 사람보다 예수님이 더 크게 보일 때까지 기도해야 합니다. 직장에 나가면 두려운 사람이 있습니다. 사업하다보면 두려운 사람이 있습니다. 그 사람 앞에 가면 이상하게 위축되고, 거짓말하게 되고, 아부하게 되고, 없는 이야기도 하고, 옳지 못한 삶을 삽니다. 영적으로 눌리기 때문입니다. 그래서 우리가 주님을 바라보라는 것입니다. 우리가 주님을 바라보고, 매일 주님을 의식하고 나가는 동안 마음에 역전이 일어납니다. 그 사람이 전처럼 두렵지 않습니다. 그리스도인이 두려워할 분은 오직 예수님뿐입니다. 그 사람이 공의로운 사람입니다. 어떤 상황에서도 하나님이 기뻐하는 길로 가게 됩니다.

돈이 싫은 분은 없으실 것입니다. 그런데 돈이 좋으면 정의롭게 살기가 어렵습니다. 자꾸 자신에게 이익이 되는 쪽으로 마음이 기울어집니다. 그래서 예수님이 돈보다 더 커 보여야 합니다. 우리는 본성상 이기주의자이며 탐심과 교만의 죄성을 가지고 있습니다. 바리새인들의 경건의 한계는 탐심을 이기지 못한 것입니다.

바리새인들은 돈을 좋아하는 자들이라 눅 16:14

바리새인들이 돈을 좋아한 것은 하나님과의 친밀함 없이 돈으로 하나님의 축복과 사랑을 확인하려 했기 때문입니다. 얼마나 많은 그리스도인들이 이처럼 겉으로는 경건한 신앙인인 척하지만 속으로는 욕심이 가득한지 모릅니다. 예수님이 사람보다, 이익보다, 고난보다 커 보일 때, 악한 생각을 따라 살지 않게 됩니다. 우리가 그렇게 될 때까지 기도해야 합니다.

그러나 "세상은 너무나 불의한데 언제까지 예수님만 바라보고 있을 것입니까?"라고 말하는 사람이 있습니다. 너무 안타깝습니다. 우리가 무슨 힘이 있어서 불의한 세상을 바꿀 수 있겠습니까? 불의한 세상을 향하여 불의다고 말할 만큼 의로운 사람이 누구입니까? 세상을 이기려면 반드시 성령께서 역사해주서야 합니다. 영적인 눈이 뜨여야 합니다.

공의로우신 왕이여, 내 마음에 임하소서

리즈 하월즈는 히브리서 12장 1절 말씀을 통해 목사님이 자신을 향하여 "젊은이여, 당신은 집을 떠나게 될지도 모릅니다. 당신은 부모가 가지 말라고 하는 곳으로 가게 될지도 모릅니다. 하지만 잊지 마십시오. 구름 같은 증인들과 하나님께서 당신을 보고 있을 것입니다"라고 말씀하는 것처럼 느꼈다고 합니다.

> 이러므로 우리에게 구름 같이 둘러싼 허다한 증인들이 있으니
> 히 12:1

미국에 건너가면 많은 죄의 유혹을 받는 일들이 있을 텐데, 눈에는 보이지 않지만 많은 증인이 항상 지켜보고 있다는 것을 기억하라는 것입니다. 리즈 하월즈는 청년의 때에 그 말씀을 마음에 새겼고 미국에 가서도 경건한 삶을 살 수 있었다고 합니다.

사랑하는 여러분, 하나님이 기뻐하시는 공의가 우리 가정에 필요하고, 우리 교회에 필요합니다. 그것이 없으면 하나님께서 복을 주고 싶어도 주실 수가 없습니다. "하나님께서 기뻐하는 삶을 살자"는 말 한마디, '하나님은 거룩하신 하나님이신데 내가 불법을 행할 수는 없어. 반드시 옳은 일을 행할 거야'라는 마음을 분명히 가지면 하나님께서 우리를 통해 엄청나고 놀라운 일을 이루실 것입니다. 절대로 이 점을 소홀히 여기지 말아야 합니다. "공의로우신 만왕의 왕이여, 제 마음에 임하소서. 사랑의 왕이여, 제 마음에 임하소서!" 우리의 마음에 영적인 눈이 열리게 되기를, 주님을 바라보는 눈이 뜨이게 되기를 축복합니다.

주님을 기쁘시게 하는 기도

1. 가정과 교회, 학교와 사회에서 정의가 꽃을 피우게 하소서.
2. 가난하고 억울하고 슬픔을 당한 이들에게 하나님의 위로가 임하게 하소서.
3. 사람이나 돈이나 성공보다 예수님이 더 크고 강하게 믿어지게 하소서.

하나님의 기쁨을 위하여 살자

초판 1쇄 발행   2023년 3월 8일
초판 6쇄 발행   2024년 4월 11일

지은이   유기성

펴낸이   여진구
책임편집   안수경 김도연
편집   이영주 박소영 최현수 김아진 정아혜
책임디자인   마영애 | 노지현 조은혜 이하은
홍보 · 외서   진효지
마케팅   김상순 강성민   마케팅지원   최영배 정나영
제작   조영석 허병용   경영지원   김혜경 김경희 이지수

303비전성경암송학교 유니게 과정
이슬비전도학교 / 303비전성경암송학교 / 303비전꿈나무장학회

펴낸곳   규장

주소 06770 서울시 서초구 매헌로 16길 20(양재2동) 규장선교센터
전화 02)578-0003   팩스 02)578-7332
이메일 kyujang0691@gmail.com   홈페이지 www.kyujang.com
페이스북 facebook.com/kyujangbook   인스타그램 instagram.com/kyujang_com
카카오스토리 story.kakao.com/kyujangbook
등록일 1978.8.14. 제1-22

ⓒ 저자와의 협약 아래 인지는 생략되었습니다.
이 출판물은 저작권법에 의해 보호를 받는 저작물이므로 무단 전재와 무단 복제를 할 수 없습니다.

책값 뒤표지에 있습니다.
ISBN 979-11-6504-414-5 03230

규 | 장 | 수 | 칙

1. 기도로 기획하고 기도로 제작한다.
2. 오직 그리스도의 성품을 사모하는 독자가 원하고 필요로 하는 책만을 출판한다.
3. 한 활자 한 문장에 온 정성을 쏟는다.
4. 성실과 정확을 생명으로 삼고 일한다.
5. 긍정적이며 적극적인 신앙과 신행일치에의 안내자의 사명을 다한다.
6. 충고와 조언을 항상 감사로 경청한다.
7. 지상목표는 문서선교에 있다.

하나님을 사랑하는 자 곧 그의 뜻대로 부르심을 입은 자들에게는 모든 것이 合力하여 善을 이루느니라(롬 8:28)

규장은 문서를 통해 복음전파와 신앙교육에 주력하는 국제적 출판사들의 협의체인 복음주의출판협회(E.C.P.A:Evangelical Christian Publishers Association)의 출판정신에 동참하는 회원(Associate Member)입니다.